高等教育管理体制改革研究

覃凤彩　付瑞霞　马新月◎著

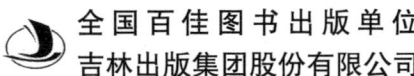
全国百佳图书出版单位
吉林出版集团股份有限公司

图书在版编目（CIP）数据

高等教育管理体制改革研究/覃凤彩,付瑞霞,马新月著.--长春:吉林出版集团股份有限公司,2023.6
ISBN 978-7-5731-3706-7

Ⅰ.①高… Ⅱ.①覃…②付…③马… Ⅲ.①高等教育－管理体制－教育改革－研究－中国Ⅳ.①G649.21

中国版本图书馆CIP数据核字(2023)第115245号

GAODENG JIAOYU GUANLI TIZHI GAIGE YANJIU
高等教育管理体制改革研究

著　　者：覃凤彩　付瑞霞　马新月
责任编辑：王晓舟
封面设计：冯冯翼
开　　本：720mm×1000mm　1/16
字　　数：200千字
印　　张：10.5
版　　次：2023年6月第1版
印　　次：2023年6月第1次印刷

出　　版：吉林出版集团股份有限公司
发　　行：吉林出版集团外语教育有限公司
地　　址：长春市福祉大路5788号龙腾国际大厦B座7层
电　　话：总编办：0431-81629929
印　　刷：三河市金兆印刷装订有限公司

ISBN 978-7-5731-3706-7　　定　价：63.00元
版权所有　侵权必究　　举报电话：0431-81629929

前言

高校管理体制改革是高校发展内在的客观需要,是高等教育适应经济社会发展的需要。我国高校管理体制改革作为高等教育体制改革领域的重要组成部分,伴随着改革开放的步伐,已经走过了几十年的风雨历程。这些年来,高校管理体制改革围绕高校自主权下放、高校后勤社会化改革、人事与分配制度改革、党委领导下的校长负责制的健全与完善、现代大学制度建设等主题不断深化,取得了重要的改革成果,为我国高等教育的发展奠定了良好的基础。

随着我国政治经济体制改革的进一步深入,面对全球化浪潮和知识经济的兴起,处在社会转型时期的我国高等教育要从传统的高校管理体制转向现代大学制度所要求的以创新和完善内部治理结构为核心内容的现代高校管理体制,将是当前和今后一段时间内我国高等教育领域内一项重要的改革内容。高校管理体制更好地适应高等学校使命和任务的变化,适应社会主义市场经济体制逐步建立对高等学校管理体制的要求,更好地实现高等教育的社会职能,已经成为高校发展的重要任务,而且这一改革在经济社会变革的大背景下,不断被赋予新的要求和使命。

本书是一部探讨新形势下高校管理体制改革、寻求大学和谐发展道路的力作。它以创新为使命,直面现实,向读者展示了强烈的问题意识,开拓了高等教育研究的视野,丰富了高等教育研究的内容,资料丰富,立论深入,辨析淋漓。它既是作者对多年实践工作的回顾与总结,也是对高校管理体制改革理论的研究与探索,其中或深沉凝重或灵动闪光的对话,为相关的讨论临摹出宏大的背景,也开辟了独特视角。就特色而言,其一,本书重视背景研究,把教育研究放在社会经济、科学技术发展的大环境下进行。其二,本书重视理论研究,但又不空泛议论,理论联系实际。其三,研究的指导思想明确,重点突出。其四,研究的方法科学、规范。

本书适用于教育经济与管理专业及高等教育学专业研究生、公共管理专业的本科生及公共管理硕士(MPA)等各层次学生;可作为高等院校教育学院、教育管理学院、公共管理学院、教育科学研究所教学及研究人员的参考资料;也可供教育行政部门的干部及教育管理人员使用。

由于作者水平有限,书中难免有不足之处,敬请广大读者批评指正。

作　者

目 录

第一章 变革时代的高等教育 ⋯⋯⋯⋯⋯⋯⋯⋯⋯⋯⋯⋯⋯⋯⋯⋯⋯⋯⋯⋯⋯ 1
  第一节 高校管理体制改革的种类与意义 ⋯⋯⋯⋯⋯⋯⋯⋯⋯⋯⋯⋯⋯⋯ 1
  第二节 全球化对高等教育的影响 ⋯⋯⋯⋯⋯⋯⋯⋯⋯⋯⋯⋯⋯⋯⋯⋯⋯ 4
  第三节 经济环境对高等教育体制的影响 ⋯⋯⋯⋯⋯⋯⋯⋯⋯⋯⋯⋯⋯⋯ 12
  第四节 新公共管理运动对高校管理体制改革的冲击 ⋯⋯⋯⋯⋯⋯⋯⋯⋯ 15
  第五节 市场经济对高等教育管理体制的挑战 ⋯⋯⋯⋯⋯⋯⋯⋯⋯⋯⋯⋯ 22

第二章 高校管理体制改革的理论基础 ⋯⋯⋯⋯⋯⋯⋯⋯⋯⋯⋯⋯⋯⋯⋯⋯⋯ 28
  第一节 委托代理理论 ⋯⋯⋯⋯⋯⋯⋯⋯⋯⋯⋯⋯⋯⋯⋯⋯⋯⋯⋯⋯⋯⋯ 28
  第二节 科层管理理论 ⋯⋯⋯⋯⋯⋯⋯⋯⋯⋯⋯⋯⋯⋯⋯⋯⋯⋯⋯⋯⋯⋯ 32
  第三节 绩效管理理论 ⋯⋯⋯⋯⋯⋯⋯⋯⋯⋯⋯⋯⋯⋯⋯⋯⋯⋯⋯⋯⋯⋯ 34
  第四节 人力资本理论 ⋯⋯⋯⋯⋯⋯⋯⋯⋯⋯⋯⋯⋯⋯⋯⋯⋯⋯⋯⋯⋯⋯ 38
  第五节 服务型组织理论 ⋯⋯⋯⋯⋯⋯⋯⋯⋯⋯⋯⋯⋯⋯⋯⋯⋯⋯⋯⋯⋯ 41

第三章 国内外高校管理体制改革的发展与经验 ⋯⋯⋯⋯⋯⋯⋯⋯⋯⋯⋯⋯⋯ 46
  第一节 我国高校管理体制改革 ⋯⋯⋯⋯⋯⋯⋯⋯⋯⋯⋯⋯⋯⋯⋯⋯⋯⋯ 46
  第二节 国外高校管理体制改革 ⋯⋯⋯⋯⋯⋯⋯⋯⋯⋯⋯⋯⋯⋯⋯⋯⋯⋯ 58

第四章 高等教育管理体制深化改革的动力与阻力 ⋯⋯⋯⋯⋯⋯⋯⋯⋯⋯⋯⋯ 62
  第一节 高等教育管理体制深化改革的动力 ⋯⋯⋯⋯⋯⋯⋯⋯⋯⋯⋯⋯⋯ 62
  第二节 高等教育管理体制深化改革的阻力 ⋯⋯⋯⋯⋯⋯⋯⋯⋯⋯⋯⋯⋯ 68

第五章 高等教育管理体制深化改革的方向 ⋯⋯⋯⋯⋯⋯⋯⋯⋯⋯⋯⋯⋯⋯⋯ 71
  第一节 高等教育管理体制深化改革的政策价值选择 ⋯⋯⋯⋯⋯⋯⋯⋯⋯ 71
  第二节 高等教育管理体制深化改革的方向设定 ⋯⋯⋯⋯⋯⋯⋯⋯⋯⋯⋯ 75

第六章 民办高校管理体制改革的实证调研与成效 ⋯⋯⋯⋯⋯⋯⋯⋯⋯⋯⋯⋯ 84

第一节　民办高校管理体制改革的实证调研…………………………… 84
　　第二节　民办高校管理体制改革取得的成效…………………………… 86

第七章　民办高校管理体制改革和创新的思路……………………………… 100
　　第一节　改革高校产权制度,夯实管理体制基础……………………… 100
　　第二节　创新法人治理结构,提高高校的决策水平…………………… 107
　　第三节　加强校长团队建设,提升高校决策执行力…………………… 126
　　第四节　发挥政治核心作用,增进管理体制的和谐…………………… 136
　　第五节　完善管理规章制度,推进高校管理法治化…………………… 145
　　第六节　积极开展院校研究,深化管理体制的创新…………………… 153

参考文献………………………………………………………………………… 161

第一章　变革时代的高等教育

现代意义的高等教育如果从意大利的博洛尼亚大学创立算起，至今已有九百多年的历史了。我国现代高等教育是以1895年北洋学堂（即今天津大学）的创办为肇始，时至今日也已有一百多年的历史了。几百年来高等教育的职能、结构、内容发生了许多变化，每次变化都与社会的政治、经济、文化变化密切相关。处在当今变革时代的大背景下，高等教育从来没有像今天这样受到诸多方面的挑战，在全球化浪潮的冲击下，知识经济的兴起、市场经济的建立、新公共管理运动的实践都使得高等教育向更密切的外部联系和更复杂的内部结构的方向演变。高等教育的本质、内容、形式、理念等也在发生着深刻的变化。

第一节　高校管理体制改革的种类与意义

一、高校管理体制的种类

什么是高校管理体制？人们似乎有约定俗成或不言自明的答案，无须予以深究，但实际上很多人似懂非懂或对概念泛在理解甚至滥用。这突出表现在两个方面：一是将高等教育管理体制（宏观体制）混同于高等学校管理体制（微观体制）。许多文章往往将部委办学下放、打破条块分割、高教结构调整、高校之间合并等内容都说成是高校管理体制改革。一篇名曰《高校管理体制改革的五种模式》的文章，所提及的"中央管、地方管、共建、合作办学、企业参与办学"五种模式与高校管理体制实际毫不相干。二是许多文章所指的"高校管理体制"几乎是无所不包把高校内部的任何改革都说成是管理体制改革。除机构改革和编制改革外，还将人事制度、分配制度、学科建设、完全学分制、工资总额包干、高校收费、会计制度、后勤社会化、财务管理甚至听证会等改革措施都纳入管理体制改革的范畴。

高校管理体制从内涵看,指高校的管理体系和制度。体系指各级各类管理机构,制度指各项管理规范。各级各类管理机构与各自的管理规范相结合,便构成了高校管理体制。由此可见管理体制由"体"与"制"两大要素构成,是机构与规范的统一体。就校级横向管理体制看,不同的机构、规范相搭配,便分别构成了高校的领导体制、咨询体制、执行体制、监督和反馈体制。

在四种体制中,领导体制和执行体制为主体性体制,其中的领导体制又处于核心地位,其实质是决策体制。因为它规定了管理体制的性质、决策主体之间的权力分配以及由谁决策和怎样决策等实质性内容。咨询体制和监督反馈体制为保障性体制,即保障民主、科学地决策,使决策能够得到贯彻执行并及时纠偏。

由四种管理体制又可派生出四种权力关系。学术界论及高校的权力时主要将其分为学术权力和行政权力两种,这种分类不太确切。因为这里的"行政权力"将党委领导权包括在内,而党委领导权显然不属于行政权,不可党政不分。随着民主管理的呼声日益高涨,高校事实上还存在一种权力,即群众参与权,而"两分法"未将此包括在内。据此我们认为高校有四种权力和四种权力关系,即党委决策权与学术决策权的关系,党委决策权与行政执行权的关系,学术决策权与行政执行权的关系,领导管理权与民众参与权的关系。

高校管理体制从外延看包括横向管理体制与纵向管理体制。前者指校、院两级的各自管理体制,后者指"校—院—系"这一整体的管理体制。我国高等学校的纵向组织结构一般为校、院、系三级,分校实际上是校中之校,在分校内仍是校、院、系三级。近年来由若干所大学合并成的巨型大学也有将原来的几所大学称之为"部",在部之下再分为校、院、系三级。对于多校园大学,无论是搞实质融合还是搞联盟制,同样有一个管理体制改革的问题。

那么体制与机制之间又是什么关系呢?机制是机体内各构成要素之间相互联系和作用的制约关系及其运行功能。体制是比运行机制更具基础性、稳定性、普遍性的制度范畴。体制决定机制,体制不同,运行机制的过程和特点亦不同,即机制是体制的伴生物。换句话说机制以既定的体制为前提,当某种体制被确定后,其运行机制便相应产生。因此在实践过程中,确定或改革体制即可,没有必要再去建立运行机制。

明确高校管理体制的概念具有极其重要的指导意义:

第一章 变革时代的高等教育

其一,管理不等于管理体制,管理制度改革也不等于管理体制改革。管理体制是高校管理活动中最根本的东西,处于纲举目张的地位。理解和掌握这一概念,有助于我们抓住主要矛盾。如果将学校的各项管理都说成是管理体制,把某项具体管理制度的改革也说成是管理体制改革,不但在理论上容易引起混乱,在实践中也容易造成"主次不分、眉毛胡子一把抓"甚至"抓了芝麻丢西瓜"的现象。

其二,由"管理体制"概念的内涵可知,任何成功、有效的体制改革必须是机构与规范的同步配套改革,二者缺一不可。机构是规范的载体,没有机构,规范就失去了赖以存在的组织基础,规范是机构的实质,没有规范,机构就只是一个空架子,难以正常运行和发挥其应有功能。事实上机构设置与责权划分密切联系,需同时进行,部门划分不合理势必影响到责权划分,反之亦然。

其三,高校管理体制改革不但要重视横向,还要注意纵向,因为二者之间密切联系,相互影响。随着高校规模的扩大,学科、专业门类的增加,校领导管理幅度随之增大,客观上需要增设学院层次以缩小管理跨度,提高管理绩效,这是横向影响纵向;实行学院制后,原来的"二级管理"变成"三级管理",带来了校—院—系三级之间责权的重新分配和调整问题,管理重心要下移,学校要分权给学院这是纵向影响横向。

二、高校管理体制改革的地位及其意义

我国政治经济体制的变革、经济全球化带来的高等教育国际化等必然要求或导向高等教育的改革。而改革应从哪里开始?我们认为首先应该改革管理体制。邓小平同志说"我们所有的改革最终能不能成功,还是决定于政治体制改革。""领导制度、组织制度问题更带有根本性、全局性、稳定性和长期性。""制度好可以使坏人无法任意横行,制度不好可以使好人无法充分做好事,甚至会走向反面。"只有首先进行体制改革扫除体制性障碍,打破体制的束缚,才能为高等教育的蓬勃发展开辟道路。

管理体制有两种,即高等教育管理体制和高等学校管理体制,那么先改革哪一种管理体制呢?我们认为应该首先改革高等教育管理体制。这是因为,高等学校管理体制改革不能孤立进行,它需要外部提供良好的改革环境。外部环境限制太多,高校管理体制改革便无法进行。近年来高等教育管理体制的系列改革,如加强省政府对高等教育的统筹权、部分引入市场竞争机制、扩大高校自主权等便是为高校提供这种外部改革环境。反过来,高校管理体制改革又能使高等教育体制改革落到实处或促使高等教育体制改革进一步深化。

在高等学校内部，需要改革的事务很多，改革应先从哪里着手呢？我们认为同样应该首先改革管理体制。就教学改革、科研改革与管理体制改革的比较，看教学、科研改革属于主体性改革是高校改革的出发点和归属似乎应放在主要地位。体制改革属于保障性改革，体制改革要通过教学、科研改革才有现实意义，因此体制改革似乎应放在次要地位，但对此不能绝对化。体制存在弊端，会影响乃至阻碍教学和科研改革。虽然体制改革本身不是目的，但当体制因素阻碍了教学、科研改革时，体制改革便应成为主要的改革对象。体制改革具有为教学科研等主体性改革扫清道路、创造条件的作用，故"体制改革是关键"。就管理体制改革与教师人事制度改革比较而言，虽然两者都属于保障性改革，但仍然有一个先后、主次的问题，应该首先改革管理体制，因为管理体制统帅着教师人事制度管理体制，特别是其中的领导体制，规定了决策主体、决策程序、决策效力等内容。北京大学张维迎教授认为应该首先改革教师人事制度，教师人事制度改革作为大学改革的突破口，既合理又可行，可收事半功倍之效，实践证明并非如此。由于北大改革的第一刀首先砍向教师群体，因而成为较大争议和重大阻力之一。人们不禁发问，北大行政后勤人员超过处于教学和科研第一线的教师，掌握着庞大的教育资源，工作效率和管理质量同样低下，为什么不改他们，而要先改教师？在旧的管理体制下，单方面改革教师人事制度，能够做到客观公正吗？能够避免学术的评价让位于关系的竞争吗？

第二节　全球化对高等教育的影响

全球化作为一个新的现象，是 20 世纪末期以来世界范围内正在发生的一个巨大变化，它对人类社会的许多方面产生了深远的影响，受到了全世界的普遍关注。全球化最初以世界经济一体化为外在表现和终极目标，随着全球化潮流的推进，它逐步波及思想文化、价值观念、意识形态乃至人的发展等人类社会生活的各个领域，进而对高等教育产生十分深远的影响，衍生出高等教育全球化的话题。

一、全球化的内涵

全球化（globalization）一词，是一种概念，也是一种人类社会发展的现象过程。对于什么是全球化，迄今并没有统一的定义，一般认为，全球化是指超越民族国家界限、

第一章 变革时代的高等教育

在全球范围内发生的相互融合的现象,包含经济、政治、社会、文化等多方面内容。不同领域的人对全球化有各不相同的理解,甚至存在着明显的分歧和争议。从目前国内外理论界关于全球化的概念看,我们可以了解到政治、经济、文化、技术、信息、历史、地理等方面的众多见解,可以说,每一种见解都揭示了全球化的某种质的规定性,但每一种见解又不足以概括全球化的总貌。因为,全球化是一种十分复杂的现象,它既是一种状态,又是一个过程;它既突出地表现在经济、政治领域,又反映在文明、文化领域;它既是物质层次的,又是精神层次的;它既是人类社会系统中各单元要素的同构,又是同构中各单元要素质的确证。因此,我们只能对全球化进行描述,将其看作是全球范围内各地域、各民族、各国家之间联系的日益紧密和相互作用的日益加强,从而影响和改变着人类运动方式,特别是生活方式和思维方式。

全球化现象最早始于20世纪40年代末的经济领域,由于经济全球化最为明显,早期全球化常常是指经济全球化。经济全球化首先是以部分国家将部分经济权力为了共同利益让渡给经济一体化组织,根据共同利益,按照一定的规划来行使权力的经济一体化。最典型的经济一体化例子是欧盟。1951年,法国、德国、意大利、荷兰、比利时、卢森堡六国政府在巴黎签订了为期50年的《欧洲煤钢共同体条约》,建立了煤钢联营,1957年《罗马条约》签字,1958年欧洲共同市场诞生,此后欧洲在经济一体化的道路上努力前进,经济实力与美国相当。20世纪90年代,欧洲形成统一大市场,1999年欧洲货币交付使用,欧盟在经济一体化的道路更上一层。与此同时,北美的美国、加拿大、墨西哥组成的北美自由贸易区,南美洲秘鲁、智利等五国组成的拉美经济共同体,东南亚多国组成的"东盟"都是经济一体化的代表。而国际和地区经济组织也日益发挥着越来越重要的作用,1946年建立的国际货币基金组织,正日益成为金融领域的超国界领导。1948年成立的关税及贸易总协定(GATT)和1995年1月1日取而代之的国际贸易组织(WTO)通过制定与落实国际贸易规则,发挥着越来越广泛的作用,其涉及的领域遍及与贸易相关的一切领域。此外,亚太经合组织等地区性组织也发挥着越来越重要的作用。

20世纪80年代以来,由于科学技术的突飞猛进,特别是现代通信及信息网络、大规模现代化运输工具的发展,跨国公司的生产和投资活动拓展到全球。跨国公司是经济全球化的主体,其生产和投资活动的全球化,带动了资金、技术、信息、人力资源等生产要素在全球范围的流动和服务向全球的扩展,促进了资源在全球范围的有效配置,最终使得全球一体化市场形成。因此,国际货币基金组织将全球化概括为:通过贸易、资金流动、技术创新、信息网络和文化交流,使各国经济在世界范围高度融合,各国经济通过不断增长的各类商品和广泛的劳务输送,通过国际资金的流动,通过技术更快更广泛地传播,形成相互依赖关系。

当然,经济全球化过程自然不是全球化的全部,由于经济过程离不开与之相适应的制度、文化和权力结构及其演变,因而全球政治、社会、文化等也出现相应的变化。与经济一体化进程相伴随着的是政治一体化的进程。从第二次世界大战之后的两大合约组织:北大西洋公约组织和华沙条约组织,到华约解体之后的欧盟、东盟、拉盟、非盟等集经济一体化组织与政治一体化组织于一身的地区性政治组织在国际政治事务中作用日益明显。而战后成立的联合国及其所属安理会、经社理事会等在国际政治经济事务中的地位也显得日益重要。从国家关系的角度说,全球化是对传统民族国家的挑战,表现为国家界限的突破,国家和其他政治力量的整合和重组,部分国家权力的丧失。一些超越国家的政治经济组织,如欧盟、七国集团、经合组织、亚太经合组织等,在协调国家利益方面,发挥着日益重要的作用。

21世纪开始,以互联网为代表的信息技术使各国政府、各国人民之间的联系日趋密切。以跨国公司为推动力的经济全球化,以金融创新为主体的金融技术因素所导致的金融全球化和以信息技术推动的信息全球化,最终推动经济全球化和政治全球化。随着人类的互动程度越来越高,联系越来越密切,全球化成为不可逆转的一种趋势,成为世界历史的进程。

二、全球化对高等教育的影响

全球化对高等教育及文化等领域的交流与发展也产生了深刻影响。各国通过教育的国际交流、教学和科研合作、跨国办学、扩大留学生规模等手段,提高本国高等教育在国际范围内的竞争力,争夺全球范围内的人力资源。20世纪末21世纪初世界各国纷纷调整本国的高等教育发展战略,力争在全球的教育市场中发挥重要作用。

潘懋元先生在论及教育的外部规律时认为,教育一定要适应社会的发展。"适应"有两层意思:一是制约,二是服务。制约因素主要体现在政治、经济和文化三方面,因此我们可以从这三个层面了解全球化对高等教育的影响。

在政治层面,全球化对政治的影响明显地体现在政治权力的扩散、联合和多层管理等新型国际关系中。第二次世界大战后,在环境保护、经济增长和维护和平等很多方面的问题都超出了任何单个国家力所能及的范围,因而许多国际的和超国家的组

第一章 变革时代的高等教育

织,如联合国、欧盟、绿色环境保护组织、经协组织等相继建立,并对国家内部的传统政治组织构成了挑战,使得政治舞台的构架超越了民族国家。在此背景下,国家的角色和作用正在发生变化,即从"游戏的操作者"转变为"监护者"。国家直接介入市场和社会的模式逐渐被向社会和经济发展提供制度保证和宏观调控的新机制所取代,这种角色变化也体现在高等教育中。

从历史上看,国家的一个重要作用是为高等教育制定规范,而相关政策则直接体现了高等教育在国家发展中的优先地位。从 20 世纪 50 年代末到 70 年代初,国家在保持高等教育与社会发展的一致性方面担负着主要责任。可是到了 20 世纪 70 年代之后,除了国家的愿望外,社会需求也对高等教育寄予更多期望。在此背景下,高等教育不得不充分考虑到不同社会群体的利益,因此,高等教育政策方面也体现出了权力、利益和联盟的变化。有时政策直接来自政治考虑,有时反映社会的现实需要,多数情况则是两者的结合。在全球化的影响下,高等教育将更多地受到外部社会的影响,这些来自外部的力量要求中央政府减少对高等教育的直接控制,但由于高等教育对国家发展的大局举足轻重,国家仍希望控制高等教育。面对两种影响,无论是国家还是高等教育部门都需要改变传统的管理和运行模式,引入市场机制,构建新的国家、社会和高等教育间的关系。其中,社会以市场为媒体与高等教育实现互动,其作用越发重要。为此,国家在完善市场,特别是跨国市场管理规则的同时,也必须制定适当的高等教育和社会互动的政策,提供适宜的制度环境。在全球化的背景下,国家对高等教育的领导主要应是宏观调控、政策引导。

在经济层面,全球化压缩了时间和空间,进而促进了商品、资本、劳动力、服务和信息的国际化流动,并导致了新的劳动力划分、国家与市场之间的权力变化、跨国界的生产系统和激烈的国际竞争。在这种新的经济模式下,经济的网络化、全球化和知识化强烈冲击并更新了传统的产业结构,导致劳动力结构的重新划分,对劳动者提出了新的技能的新要求。所有这些,都从社会需求的角度迫使高等教育进行根本的改革。对国家来说,国际经济竞争不能永远依赖廉价劳动力和低成本的制造业,必须同时发展知识含量高、产品附加值高的制造业和服务业。为此,各国在制定政策时都把提高其人力资源的质量摆在重要位置,以期在全球经济竞争中赢得最大利益,因而高等教育已经成为国家经济发展的关键所在。

在新的高知识含量和高附加值生产系统和提高生产力、竞争力渐成主题的经济形势下,劳动者依照其接受教育的多少和质量高低,分为可自我设计的(高技能的)劳动者和普通的(低技能的)劳动者。尽管低技能的劳动力用非常低的费用就可以雇佣到,但商品的生产以及经济活动的决策越来越多地需要高素质、可自我设计的人员。很明显,经济活动中这两类劳动力之间的比例成为决定国家和企业国际竞争力的一个主要因素。为此,增加接受高等教育的人数成为紧迫需求。当然,要提高劳动者的素质,塑造出可自我设计的劳动者,更重要的是学校教育要满足社会对劳动者技能不断提高的要求,包括那些能使年轻人适应不断变更的工作环境的能力、社会交往能力、处理信息能力、团队工作能力以及运用所掌握的知识和信息在不同环境中解决新问题的技能。因此,传统的高等教育和大学学习方式正面临着严峻挑战。大学仍然是教学和学习之地,但是学习本身的概念发生了变化。学习已不仅仅是获得定义、事实等现成的知识,更主要的是创造知识的过程。鉴于知识容量正在成指数增长,大学能给予学生最好的教育就是让他们学会学习,包括不断重新定义工作中所需新技能的能力,以及为掌握这些技能寻找和学习相关知识的能力。

经济全球化的另外一个结果是制造业从业人数减少,与信息相关的管理人员、专业技术人员等从业人员和"白领"阶层增加,服务业逐渐成为经济结构中的重要组成部分。除了数量增长外,服务业的内容也在趋向以客户需要为中心,服务业的工作机构要依照工作任务、客户类型和项目对工作人员进行管理。为此,工作人员必须根据不断变化的工作需求,及时学习新的知识和技术。服务业结构的这种变化将会结束"固定工作"或"长期工作"的观念,因为人们不仅要经常更换工作岗位和工作任务,甚至很可能要更换职业。在这样的形势下,就业能力就不仅是找到一份工作的能力,更重要的是维持这份工作并因需要而随时更换工作的能力,因而终身学习成为社会的紧迫需要。高等教育不仅要为不同的职业筛选和培养人才,更要为人们今后不断变动的工作或职业打好基础和提供服务。

全球经济竞争从一定程度上制约了国家共用经费支出,为了满足日益增长的高等教育系统的需要,国家试图去寻找其他的经费来源,而不是一味地增加教育公用经费。相当多的政府在高等教育中引进了市场机制并鼓励私立教育发展。另外,政府也尝试用扩大招生和调整院校结构等办法来提高教育资源的使用效率和效益。当然,国家在把更多权力赋予高等院校的同时,也会要求高等院校承担起更多的责任,包括分担教育经费上的负担。

在文化层面,崭新的电子通信系统营造出全球范围内的虚拟社区,在此基础上,不同社会群体的兴趣、政府的政策、商业的运营策略等能更为便捷地传播,世界文化广泛交流和融合。一方面,由于国际的共同利益和人类文化的交融性,世界文化正在趋同,例如,麦当劳文化已经被世界多数国家的民众所接受。另一方面,通过全球性和本土文化间的相互影响和渗透,一种或显或隐的新的杂交文化正在形成。在此过程中,民族国家常常被夹在文化全球化和保持自身文化本色的对抗中。一些地方民族主义的复苏更是使得这种对抗张力不断升级。近年来,由于不同国家和地区间的文化差异以及相互不理解导致冲突和矛盾的例子屡见不鲜。为了保障全球经济的正常发展,一个和平的政治环境是不可或缺的重要前提,为此,一个国家在保持自身文化本色的同时,理解他国文化和尊重和平就显得尤其重要。高等教育的文化功能之一,就是帮助人们认识不同民族文化的特性和人类文化的共性。全球化在文化领域对高等教育的影响远比其在政治和经济领域的影响复杂,因为世界文化的多样性大大超过了政治和经济模式的纷繁多样。虽然与政治、经济相比,文化并没有在高等教育发展中起支配性作用,但是它渗透到了高等教育的方方面面,并且以潜移默化的形式,影响到人们的价值观和意识形态。有学者称,文化传统或促进或阻碍高等教育的发展,其取决于高等教育的需求是否与文化传统一致。例如,中国传统文化与高等教育需求有一致的方面,也有不和谐的地方。诸如"有教无类"的教育观,"知行统一"的教学观以及其他人本思想与高等教育的需求是一致的,而传统文化中的专制主义和"三纲六纪"以及"天不变、道亦不变"等保守思想则与高等教育的需求是相悖的。这些因子不可避免地导致了中西文化的碰撞。这种交锋利大于弊。真理是在不同思想交锋中确立和发展的,因此,在高等教育中采取思想自由、兼容并包、百家争鸣、百花齐放的态度,是回应全球化挑战的必然选择。

全球化是全方位的历史性变革,在政治方面的影响引发了对国家、社会和高等教育关系的重新定位,在经济方面的影响进一步表明了市场在高等教育中的价值,在文化方面的影响唤起了公民的自由意识和反思意识,有助于兼容并包的高等教育环境的形成。与此同时,我们也应认识到虽然多数国家都受到全球化观念的影响,但是由于每个国家的政治体制、经济结构以及文化传统各不相同,因此,回应全球化趋势的方式也各有特色,目前还没有任何一种模式的高等教育改革可以完美地应用在两个以上的不同国家,这也是高等教育研究人员必须认识到的。

三、全球化对我国高等教育的冲击

与世界高等教育的发展相比,我国高等教育起步较晚,但是发展迅猛,具有鲜明的中国特色。全球化对我国高等教育的冲击可以从经济全球化、政治全球化、文化全球化和科技全球化四个方面概括：

第一，经济全球化对我国高等教育的影响。经济全球化使人才市场趋向国际化，一个世界性的人才流动市场正在形成。由于经济周期的作用，未来我国大学生就业市场会随全球经济周期的波动而波动；另外，发达国家或跨国公司为了吸引发展中国家的优秀人才尤其是高校的人才，将会为其制定优惠措施。这对目前缺乏市场化运作经验和人才的我国来讲，可以说是一大挑战。一方面，经济全球化对我国高等学校人才培养目标提出了更高的要求，我国高校的人才培养目标亟待调整。为适应全球经济一体化，大学生必须懂得国际上有关的经济规则，具备相应的经验和能力，才能在就业市场上取得成功。过去，我们高校的人才培养缺乏全球化的眼光，这对加入WTO后并不断融入全球经济一体化的中国来讲，是非常不利的。另一方面，经济全球化对我国高校的教学内容和方法必然产生影响。由于目前全球化中通行的游戏规则大都是由曾经主导、现在依然控制着全球化进程的西方国家制定的，这些规则、制度、惯例、标准等不仅苛刻而且不为我国所熟悉。我国高校有必要也应该及时改革教学内容和方法，让我们的学生了解这些规则、程序和技术标准，以适应我国参与全球化的需要。同时，经济全球化将使我国高等教育投入的渠道多样化，科研经费来源国际化。跨国公司为了追求利润最大化，扩大影响，会直接要求在我国投资办学或合作办学，开设研究所。另外，许多发达国家的非义务教育早已通过市场化来运作，这一方面将促进我国一些高校加快与国际接轨，但也对我国政府提出了一个如何从宏观上促进高等教育发展的新课题。

第二，政治全球化对我国高等教育的影响。政治全球化是指政治在全球各国和地区的互动、交流、渗透的过程。今天的世界，无论哪里发生了政治事件，都会对全球政治活动产生影响，它将在发展中形成某些为大多数主权国家所承认、维护的共同政治标准，如民主、平等、人权等。政治全球化进程不是资本主义政治全球化，而是多种政治观相互交流、渗透和交锋的过程。一方面，政治全球化的发展将有助于培养我国高校大学生适应现代政治的思维方式，其互动也将对培养我国大学生民主理念产生积极的影响。但是我们也应清醒地看到，现代民主制度的建立和民主观念的形成，都不是历史发展链条的断裂而是继续，现代民主化道路完全是社会内部各相关因素发育成熟的结果，它与其民族性格相契合，有深厚的历史根基。邓小平同志曾指出："民主化和现代化一样，也要一步一步地前进。"为了建设社会主义市场经济下的中国政治文化，我国高校的政治思想教育应进行创新,以培养学生现代民主意识。高校的管理也将进一步趋向民主,如何以人为本、以学生为本,发挥教师和学生广泛参与学校管理、决策监督的作用,都是我们今后需要解决的。另一方面,政治全球化也有助于我国大学生国际政治意识的培养,使他们具备活跃在国际舞台上的能力,如双赢、妥协等政治谈判策略及政治沟通传播等技巧;此外,还应教育我们的大学生,让他们看到民主是随着时代而发展的,没有一成不变的僵死的民主模式。西方的民主并不能解决资本主义内在的矛盾,社会主义所倡导的平等和民主等价值理念仍将是21世纪人类追求的目标。在政治全球化的进程中,我们也应清醒地看到,西方国家善于运用多种手段向高校师生灌输他们的政治观,如通过各种基金会、互联网等方式,其中某些负面宣传可能使一些大学生的思想偏离我国社会主导政治文化的要求,这是要时刻加以注意的。

第三,文化全球化对我国高等教育的影响。当代多向的、多层次的文化互动冲击着各个国家、地区和个人。高等学校是人类文化的传承地,文化全球化将使高校成为世界各国文化交流的中心,如翻译介绍外国文化,开设外国文化课程,互派留学生,建立各种文化宣传网站等措施,将促进我国社会主义文化的发展和创新,增加我国大学生对不同文化的理解和适应。但是良莠不齐的文化信息增加了大学生价值选择和判断的难度。文化全球化意味着不同地区、国家和社会制度的文化、思想、观点、信息将在我国高校迅速传播;外籍教员、外国留学生人数将迅速增加,我国大学生与外国的交流将增多,大学生的视野将更加开阔,这对缺乏成熟价值观的大学生来讲,也不免是一个挑战。因此,过去我国高校那种单一的集中的教育模式在多元文化环境里受到了挑战,如何创建和运用开放有序的校园文化环境来潜移默化地感染学生、教化学生,是值得教育工作者深思并需解决的问题。

在全球各国和地区联系日益紧密的过程中,有的经济学学者指出:全球化有可能巩固发达国家与发展中国家的中心—边缘地位,发展中国家对发达国家的经济依赖往往导致了文化上的依赖。殖民地文化的威胁已成为全球化过程中挥之不去的阴影。无论是华纳兄弟公司、索尼公司还是默克多的新闻集团,他们都不是单纯为文化交流而来的。我国高等教育作为文化发展的先导和民族文化的捍卫者,在文化的发展中负有极其重要的责任。在全球化的背景下,仅仅停留在对充斥各地的西方文化进行批判或对多元文化进行赞美是不够的,对于我们而言,一是要将文化全球化和本土化更加有机地结合在一起,这是我国高等教育进行文化创新的一个重要课题。我国是一个历史悠久的文化大国,我国高校在全球化的机遇下,更应积极地向全世界介绍我国优秀的民族文化。二是在我国确立社会主义市场经济体制的过程中,在全球化大潮的冲击下,我们应在社会主义精神文明原则的指导下,重塑现代中国文化,把优秀的西方文化和中国文化结合起来,形成"开放的民族的科学的大众的"现代化的中华文化。只有这样"和而不同",才能消除文化全球化过程中的负面影响。

第四,科技全球化对我国高等教育的影响。随着我国不断融入全球化的大潮之中,作为世界大家庭中的一员,我们有必要从多角度运用多种理论和方法,认识和解决全球性的环境、社会、经济和政治等问题,从而有利于我们在国际舞台上的竞争与合作。这便要求我国高校设立跨学科的新专业,培养各类人才。同时,我们还要关注和研究这些高新科技会对整个世界的社会结构、道德伦理、政治关系、法律体系、生活方式和人们的心理带来什么样的冲击和变革,我们应采取什么样的对策(如基因复制等问题)来维护我国的科技安全。信息技术的迅猛发展一方面使高等学校的教育与管理方式发生深刻变革,同时使虚拟大学(远程教育)的出现成为可能,远程教育将大大加快我国的高等教育大众化和终身化,改变传统的高等教育模式,其意义非同一般;全球互联网也使全人类的优秀文化、科技资源真正变为共享,给我国不同地域(甚至偏僻农村)更多需要教育和培训的人提供了前所未有的机会。如何根据现代信息技术的发展来整合教育资源,实现我国高等教育的大众化,如何处理现代信息技术背景下的师生关系,如何改革教学模式等,都有待我们解决。

高等教育的发展不仅意味着数量的增加、质量与效益的提高,更意味着适应性的提高。在全球化背景下,我国高等教育应着眼于国际市场的供需状况,处理好全球化与本土化的关系,处理好保护、引进与输出的关系,合理地配置教育资源,调整专业设置、培养目标与课程体系,建立与国际接轨的高等教育质量认证制度,建立和完善我国高等教育市场体制,提高我国教育服务的竞争力。为此,我们需要建立一批高水平的高等学校,更需要建立促进高等学校主动适应社会发展的体制与机制,培养有中国特色的高素质人才。

第三节 经济环境对高等教育体制的影响

高校管理体制研究方法大致可以分为宏观和微观两种,其中宏观角度主要是从高校与社会和政府之间的关系,从政府出台的政策制度,以及社会文化等方面做深入探究,实现包括行政权力与高校内部的学术权力之间的平衡。微观的角度是从高校自身的权利分配分析经济环境对高校管理体制的影响。但是无论从何种角度分析高校管理体制,都不能全面反映存在的问题。本文将分别从宏观角度和微观角度。在政治制度、法律约束、社会文化、技术手段等层面来深入探讨经济环境对高校管理体制的影响。最后结合当代工业经济与知识经济共存的特点,以及经济全球化的大趋势,提出针对高校管理体制的建议。

一、概念解析

(一)经济环境

社会经济环境是包括政治、经济、文化条件,包括组织外部的政治气候、社会安定程度、经济体制、经济政策的一个庞杂的系统。高校也处于这样一个经济环境之中,高校管理体制深受这种环境的影响。高校是一个社会组织,处于整个大的系统之下,这些表现在高校自身环境与周边环境信息交流、传递的过程中,对高校的管理体制产生一定影响。

(二)高校管理体制

高校管理体制,顾名思义是对高等学校的学生,以及高等学校的管理方面进行一定的体制规划。我国现阶段,高等教育体制主要从宏观与微观层次上展开,宏观方向上主要从整个社会的角度出发,研究社会对高校管理体制改革的促进作用;而微观角度是从高校管理体制自身出发,这两个层次相互联系,相辅相成,共同作用于高校师生。

二、经济环境下的高校体制改革内容

目前我国针对高校管理体制的改革,主要从宏观与微观两方面展开,在宏观分析中主要以政府、社会以及整个宏观经济利益出发探讨政府、社会与相关部门与高校之间的关系,主要侧重于法律制度和上层建筑方面,当然,在宏观层面进行探讨时,也涉及政府的权利与高校学术内部权力的竞争关系。另一方面,从微观角度,对高校管理体制的核心层面进行了探讨。然而这两种探讨方法都没有与经济环境相结合,没有考虑到经济环境对高校管理体制改革的影响,会因为过度强调一方面的关系,而忽略了另外一方面的关系,因此,与经济环境相结合便是我国现阶段讨论高校体制改革的重要因素之一,而在这一现行体制管理下,经济环境对我国高校管理体制存在着不小的影响。本人对相关文献进行分析,列出了以下几个方面:

(一)组织与环境:高校管理体制研究的新视角

高校管理体制与经济环境相结合的一大产物,便是组织与环境新视角的研究。将高校作为社会的一个子系统,接受着组织和环境的影响,并且就基本面而言,此系统是一个开放的系统,体现在高校与社会环境组织系统之间存在着密切的联系与交换等方面。在这一研究视角下,相关学者认为,高校作为一个学术性组织及管理体制,是一种新的环境组织模式的构建过程,这种环境过程是外部环境压力与内部环境压力的双重推动,其中外部环境主要有环境中的其他组织实力的压力和市场压力、文化环境压力以及权利性压力。在多方压力的共同作用下,高校管理体制存在着一系列的改革现象。

(二)知识经济:我国高校管理体制面临新技术环境

高校是一个传播知识的地方,其主要以知识的产生、传播为指导,而这一特点也决定了高校的相关功能目标。

在我国的知识环境中,知识经济对高校存在影响,这是因为经济的产生决定了高校的功能,并且从功能变迁、组织、结构上对高校的管理、结构、教学以及后勤做出了相应的调整。并且知识经济从管理的信息化与网络化人才培养模式以及高校内部权力配置都对我国的高校管理体制产生了一系列的影响。

(三)经济全球化:我国高校体制改革及改革环境分析

全球化是一个历史进程,是二战后全球的主流发展趋势。而经济全球化也对我国的高校体制改革环境产生了一系列的影响。中国的高校管理体制向全球化靠拢,并与世界文化相交融。这使我国的高等教育出现了国际化进程,例如相关高校注重留学生的培养以及输送,使得人才国际化,出现了人才的国际性竞争。因此,经济全球化让各高校的目标转变为如何在国际上树立直接竞争力,彰显自己的品牌特色,以及创造更优质的学习资源与学习环境。

(四)组织变革的应对策略:我国高校体制的必然选择

随着国外的相关组织变革技术的传入,我国高校也针对传入技术与知识做出了相关变革,其主要体现在内部环境改革和外部环境的改造方面,在内部环境的改造中,各高校拓展了高校教师的师生能力，对行政权力与学术权力做出动态调整。而在外部环境的改造中，各高校主动调整了学科结构与专业结构，使得其与地区经济发展相适应，与中国整个社会经济的发展相适应，并且在人才培养上主动调整相关人才培养模式，使得人才培养能够积极主动地服务于社会。并且高校各办学者根据本校与地区实际，对自身的优势与劣势进行了深入分析，构建了一系列具有特色的办学特点与办学理念，积极地应对市场变化。

第四节　新公共管理运动对高校管理体制改革的冲击

始于 20 世纪 70 年代的新公共管理运动为各种社会管理提供了新的范例、观念和思维模式，提供了观察、理解和处理特定问题的新框架。同样，高校管理作为公共管理领域的组成部分，也必然受到新公共管理运动的冲击。这主要表现在提倡高校管理权力的多中心，强调分权与授权，引入竞争机制，关注质量效益，面向社会办学等方面。

一、新公共管理运动的兴起

20 世纪 70 年代开始，西方各国的公共管理遭遇了前所未有的困境。凯恩斯主义不再成为政府管理的撒手锏，反而给社会生活各方面带来了一系列的负担。高失业、高通胀、低增长的"滞胀"现象出现；政府扩张、机构臃肿、效益低下、政策失效，乃至政府失灵，公众对政府逐渐丧失信心。传统的公共行政模式在理论和实践的质疑声中陷入了"四面楚歌"的境地。越来越多的人认识到，传统的行政模式已无法反映出现代公共服务所需承担的广泛的、管理的以及政策制定的角色，它更多地体现为一种消极的控制形式，不是致力于为提高效率、提供有效的激励，而是着力于怎样避免犯错误。正是在这样的理论和现实背景下，20 世纪 70 年代末 80 年代初，为迎接全球化、信息化和知识经济时代的来临以及摆脱赤字财政困境，提高国家的国际竞争力和政府的运作效率，一场以追求"三 E"(Economy Efficiency and Effectiveness，即经济、效率和效益)为目标的行政改革运动，在英国、美国、澳大利亚和新西兰等国兴起，并逐步扩展到其他西方国家乃至全世界。在西方，这场行政改革运动被看作"重塑政府""再造公共部门"的新公共管理(New Public Management)运动。

新公共管理运动是以1979年撒切尔夫人的上台为标志的,在整个80年代英国采取一系列措施来反对浪费和低效。他们将私营部门的管理经验和管理技术引入公共管理中,在公共管理中引入竞争机制和以顾客为导向,以提高政府管理的效率。继英国之后,在澳大利亚和新西兰,随着两国工党分别于1983年和1984年上台执政,也开始了大刀阔斧的公共行政改革。其中,新西兰的改革因其力度大、富于系统性而受到举世瞩目,并被学术界称为"新西兰模式"。与英国相比,美国的"新公共管理"更带有管理主义或"新泰勒主义"倾向,从1978年卡特政府的"文官制度改革法案"的实施,到里根政府时期的削减政府机构、收缩公共服务范围,再到1993年克林顿上台后,开始了大规模的"重塑政府运动",所有这些改革基本内容都是将私营部门的管理方法引入公共部门,以提高行政效率,精简机构、裁减人员,引入竞争机制以推行绩效管理。目标便是建立一个少花钱多办事的政府,提高政府部门工作效率。与此同时,加拿大、荷兰、法国、德国、瑞典等经合组织的其他成员国也都采取了类似的改革措施。进入20世纪90年代之后,一些新兴的工业化国家和发展中国家,如韩国、菲律宾等国也开始加入这一全球性的公共行政改革的大潮。

30多年来,新公共管理运动像一股旋风,从现代政治理论的发源地英国,渐渐刮遍了大半个地球,成为西方公共行政领域的时代潮流,对公共管理的理论和实践,都产生了重大影响。从理论上讲,新公共管理运动打破了传统公共行政理论的政治、行政二分法模式,引进公共选择理论和新制度主义等方法,为世界上许多国家提供了当代公共部门管理的新模式,为人们带来了崭新的理念和创新的实践,它把新制度主义经济学、公共选择理论,乃至管理科学和政策研究,还有社会学、政治学等学科的一些重要概念、理论、原理和技术、方法等引入公共管理中,为人类管理文明的历史涂了一笔重彩。从政府公共管理实践成效显著看,新公共管理运动不同程度解决了发达国家面临的财政危机和信任危机,提升了政府运作能力,回应了在全球化中保持国际竞争力的内在要求。同时,新公共管理运动在政府部门内部的管理体制的改革上,也做了积极有效的探索。比如,它克服了原官僚体制下对公共物品的垄断或管制供给的做法,而是采取分权和权力下放,实行组织机构变革和人事制度改革,改善了公共管理机构的形象以及对人员的管理等。

新公共管理运动兴起至今,尽管各国在改革的发展阶段和具体措施上尚存在着一些差异,但他们在改革的价值取向上却都不同程度地体现出对传统公共行政模式的质疑和对市场力量的信奉；如减少政府职能，尽可能将现有的公共服务和公共部门"私有化"，改由市场指导的私营机构提供；将原来由政府监管的一些公用事业"非管制化"，开放市场；对于那些迫不得已仍需政府提供服务和货品的，也通过"准市场机制"，如"使用者付费"等原则，来调整供求关系，达到对资源的有效配置。公共管理领域这一全新价值取向的确立表明："新公共管理运动"的兴起绝不仅仅是一种政府管理形式上的变革或管理风格上的细微变化，而是在政府的社会角色及政府与公民关系方面所进行的一场全面而深刻的变革。传统的公共行政模式已经从理论和实践上受到了全面挑战，新公共管理理论在实践中的应用标志着公共管理领域中已经出现了一种全新的典范。"新公共管理运动"及其引发的公共管理模式的变革已经成为一股不可逆转的时代潮流。

二、新公共管理运动的主要思想

不同国家、学者对新公共管理有不同的称谓，如"管理主义""以市场为基础的公共行政""后官僚主义范式""新公共管理"或者"企业家政府"等，但在本质上是相同或相似的，都主张引入市场竞争机制，采用私人部门管理理论、方法及技术，以市场或顾客为导向，重新调整国家、社会、市场三者的关系，提高公共管理水平及公共服务质量。其思想要点，可归纳如下。

第一，以市场为取向，重塑政府与公众的关系。这是新公共管理理论最重要的核心理念。市场遵循价值规律。以市场看待政府运作，则公众如顾客，政府为厂商。政府行政，应奉行"顾客至上"准则。政府不再是发号施令的权威官僚机构，而是以人为本的服务提供者，政府公共行政不再是"管治行政"而是"服务行政"。作为"企业家"的政府并非以营利为目的，而是把经济资源从生产效率较低的地方转移到效率较高的地方。公民是享受公共服务的"顾客"，可以"用脚投票"自由选择服务机构。这样，新公共管理就建立了以"顾客"的满意度为中心内容的绩效考核机制，成为一种目标导向。定期广泛征求公民意见，评价公共服务。在评价时，注重换位思考，以顾客参与为主体，通过顾客介入，保证公共服务的提供机制符合顾客的偏好，以此产出高效的公共服务。

第二，确立政府有限责任，由"划桨"转为"掌舵"。新公共管理认为，在传统公共行政模式中，政府职能有不断扩张的冲动，直接导致了职能膨胀、机构扩大直至臃肿。因此，政府首先应该解决自身职责定位问题，即该管什么不该管什么，分清管理和具体操作。政府在公共行政中,只是制定政策而不是执行政策。著名学者戴维·奥斯本等将此概括为:政府的角色应是"掌舵"而不是"划桨",传统政府低效的一个重要原因就是忙于"划桨"而忘了"掌舵",做了许多做不了、做不好、舍本求末的事情。彼得·德鲁克强调:"任何想要把治理和实干大规模地联系在一起的做法只会严重削弱决策的能力。任何想要决策机构去亲自实干的做法也意味着干蠢事。""掌舵"后,"划桨"的任务应交给私人部门和非营利组织、社区组织、公民自治组织等第三部门。政府通过重新塑造市场,在政策和资金方面,施加各种可行和有利的影响。这样,政府就成为多元管理主体的组织者、协调者,是多元管理主体的核心。

第三,全面引入竞争机制,切实提高工作效率。新公共管理主张在政府管理中广泛引入市场竞争机制,让更多的私营部门、非营利组织参与提供公共服务,以节约成本,提高服务供给的质量和效率。巴扎雷说,摒弃官僚制的时代已经到来,公共管理由重视"效率"转而重视服务质量和顾客满意度,由自上而下的控制转向争取成员的认同和争取对组织使命和工作绩效的认同。政府的公共服务,可采用合同外包的办法,通过市场检验,判断出新政策的合意性。竞争的目的是追求效率,这是公共行政的出发点和落脚点。为此,新公共管理提出三种方法:一是实施绩效目标控制。强调实行严明的绩效目标控制,以取代严格的行政规制,即确定组织、个人的具体目标,并根据绩效目标对完成情况进行测量和评估。二是更加重视结果。与传统的行政管理只注重投入,不重视结果不同,新公共管理根据交易成本理论,重视管理活动的产出和结果,关注公共部门直接提供服务的效率和质量,主张对外界情况的变化以及不同的利益需求做出主动、灵活、低成本、富有成效的反应。三是引入私营部门成功的管理经验。如人力资源管理、强调成本—效率分析、全面质量管理、强调降低成本,提高效率等,这些都是企业管理中行之有效的手段,公共管理必须引入。新公共管理特别指出,政府人员与市场中的理性经济人一样,具有自我利益最大化、逃避责任、机会主义、自我服务、欺诈及导致道德风险的内在倾向。其与私营管理人员在管理绩效上的优劣之别,原因不在于自利的人性,而在于管理环境的不同。烦冗的程序规则恶化管理环境,压抑管理者情绪,导致低劣的绩效。因此,管理需要"自由化",做到"让管理者来管理"。

第四,改造公务员制度,创建新型政府。新公共管理运动主张改造公务员制度,强调破除文官法中"常任文官无大错不得辞退免职"的规定,建立临时雇佣制、合同用人制等;正视行政所具有的浓厚的政治色彩,废弃公务员价值中立原则,主张对部分高级公务员应实行政治任命,让他们参与政策的制定过程,并承担相应的责任;正视行政机构和公务员政治功能是有益的,不仅能使公务员尽职尽责地执行政策,还能使他们以主动的精神设计公共政策,发挥政策的社会功能。这与传统公共行政理论主张政治与行政相分离,将政治从管理事务中剥离出去完全不同。在新公共管理者看来,政治因素具有不可剥离的特征,公共管理者总是在特定的政治环境中从事管理活动。要在此基础上,创建有责任心的新型政府。要转变政府的价值观,使政府从公共管理者转变为企业家,尽可能学会通过花钱来省钱、为获得回报而投资。新公共管理认为,传统公共行政只注重提供服务而不注重预防,当问题变成危机时,再花大量的金钱、精力去进行治疗,这是不妥的。有预见的政府会在根本上下功夫:一是使用少量钱预防而不是花大量钱治疗;二是做出重要决定时,尽一切可能考虑到未来。

三、新公共管理思想在高校管理体制改革的表现

新公共管理思想为各种社会管理提供了新的范例、观念和思维模式,提供了观察、理解和处理特定问题的新框架。同样,高校管理作为公共管理领域,其改革也必然受到新公共管理运动的冲击。在新公共管理运动的冲击下,高等教育领域,也被纳入了改革的视野。新公共管理运动的思想也逐渐渗透到高等教育的改革中,"新公共管理"模式开始向高等教育领域挺进。新管理主义思潮逐渐从行政管理领域扩展到包括高校在内的其他管理领域,并日益占据中心地位,大学管理受到新公共管理的深刻影响已经是不争的事实。"在过去的20年里,英国乃至全世界的高等教育都发生了引人注目的迅猛变化。这些变化的环境与新的挑战,已经将聚光灯投射在高等教育管理方面……对几乎各地的高等教育机构来说,这种环境意味着激烈的竞争、匮乏的资源、变迁的角色和新的关系,以及同样不可预知的入学人数和经费收入的涨落。"高等教育的这种变迁可归纳为:高等教育日益全球化、高等教育制度的准市场特性不断发展、世界性的高等教育大众化潮流、高等教育经费增长赶不上学生人数的增加、国家对高等教育质量的关注、高校课程日渐呈现职业导向、"国家—高校—企业"之间关系发生改变。

概括起来,新公共管理思想在国内外高校管理体制改革中的主要表现有如下几种。

其一,提倡高校管理权力的多中心,强调分权与授权。新公共管理用分权式管理取代了高度集中的传统层级组织结构,通过分权和授权来减少层级,从而对外界变化能迅速做出反应而有效地解决问题。这种分权与授权,其实是公共教育权力在政府、市场、社会、学校之间的权力配置,实现了权力在不同主体之间的转移,形成了权力的

多中心化。特别是将权力特许给社会,更多地依赖民间机构和公民个人来对教育的各方面参与,加强不同地区、社区和地方、学校以及家长、学生之间的联系,建立起各个部门之间的伙伴关系。教育民营化充分反映出政府教育观念的转变,即注重"民间"力量在教育中的作用,并加强与他们的合作互动。新公共管理倡导教育权力的多中心,具体到一所学校来说,学校领导分权与授权必须做到适度,在动态中求得两者的平衡。①集权与分权相互补充,灵活运用。学校领导在决策指挥上应采用集权形式,保证学校在信息迅速交换的环境下各项工作正常运行。而在执行阶段可以适当分权,使下级管理人员有职有责有权。②强调适度授权,但学校领导者必须分清哪些权力可以下授,哪些权力应该保留。如果把应保留的权力也统统下放,那就是过度授权,等于放弃职守,使管理失控,将会给学校造成损失。适度控制是授权的原则之一。授权以后,学校对下属的工作要进行合理、适度的监督,要防止两类偏向:一类是把授权变成了放任自流;另一类是对授权不放心,因而不断地检查工作,处处插手,使下属缩手缩脚,不得不完全按照领导意思办事。③授权不授责,但同时要权责明确。学校领导者把权力授给下属后,下属如果在工作中出了问题,下属要负责,但同时,领导者也要负领导责任。其次要权责确定,授权之前,目标和责任范围必须有详细交代——不仅是如何履行责任,更重要的是达到预期的结果和目标。否则,被授权者将无所适从,搞不好还会争功诿过,而领导者也没有考核的客观依据。这样,就造成组织管理的混乱,授权的效果也会适得其反。

其二,在教育领域引入市场机制。作为对传统官僚体制的革新,新公共管理将市场机制引入教育领域,以市场模式取代传统的官僚体制。使官僚制组织不再是政府提供教育产品或服务的唯一方式,政府通过补贴、管制和合同形式进行间接运作,而不是直接提供者。一言以蔽之,市场机制在教育领域的引入是以官僚体制的失效作为前提的,依靠市场提供服务是人们所寻求的替代官僚制的主要手段。通过教育分权、择校运动和公立学校私营化等方式来推行"教育的市场化重建",即把财政、人员调配和政策制定等权力下放到各个地方教育机构,强调提供者和消费者在教育领域中双方的义务和责任。尤其是教育消费者的选择,让个人的选择在教育市场中具有更大机会,同时把公立教育机构转变为自主管理的中小型企业化运作的教育实体,参与市场竞争,促进教育资源配置最优化,促进学校教育为消费者提供最好服务。现在,人们日渐使用"准市场"来概括发生在教育和福利部门中的市场机制引入和决策的非官方化等的教育分权。"准市场"是政府控制与市场运作间的"中间道路"。所谓"准市场",乃是非完全市场,其中包括有政府调控的成分。因此,政府控制和市场机制并非一定是零和博弈的关系,即一方受益另一方受损。公共事业准市场改革的显著特色在于,需求方和供给方的分离以及需求方可以在不同供给方之间做出选择。缺乏传统的现金交易关系和加强政府干预是准市场与理想的"自由"市场的主要区别。准市场的引入通常需要学校自主与家长择校的结合,以及相当程度的绩效责任和政府调控。

其三,高度关注教育的质量、效益和效率。作为对传统官僚制只重过程而不管结果的特点,新公共管理以精简、重建和不断改进为手段,以实现"3E"(经济、效率、效能)为目标。在以分权为主线对公共教育体制进行重构的过程中,政府通过放松中央控制机构的管制而开始对学校组织进行授权;通过下放决策和解决问题等权力对教师进行授权;通过将学校控制权交给以社区为基础的管理机构,对社区成员和社区组织进行授权,进而把控制公立学校的形式从复杂的规章制度和等级命令转换成共同的使命和承担绩效责任的制度。"成功的分权和对多余层级的废除能够把与组织目标相关的责任和达成目标的手段区别开来,手段和目标的明晰对于分权理念是最基本的,通过'合同'来区分手段和结果,而明确双方各自的权利与责任。"合同制是学校摆脱政府控制的一种比较好的方式和手段,因而被看作是"为公立学校提供了一种全新的治理模式"。如美国的特许学校、契约学校和公立学校的私营管理;英国的教育行动区与直接拨款的公立学校;俄罗斯的非国立学校;加拿大的特许学校;新加坡的自主学校以及我国的转制学校等等,都是通过签订相关的绩效合同,以明确规定学校的目标、预期结果和绩效结果,同时给予其资源的管理控制权。通过为学校组织进行流程再造和为绩效设定结果,可以实现对学校的全面质量管理以提高学校组织的效益和效率。

其四,重视社会和家长对教育的需求,面向社会办学。新公共管理倡导政府在决策时要倾听群众的声音,广开言路,并在适当情形下,进一步下放权力和资源,使传统的官僚垄断政府变为"社区拥有的政府"和"顾客驱使的政府",政府应对社区和顾客负责。在市场经济条件下,消费者就是顾客,顾客就是上帝,以"顾客导向"理念的市场必须按照顾客的需要来进行经营。具体说来,"顾客导向"是指学校依存于其顾客(学生、家长、政府和社会),学校管理应以这些顾客的需求为关注焦点,致力于满足他们的需求,并努力超越他们的期望。顾客的要求是各种各样的,有的是明确的,有的则是隐含的。明确要求是指在标准、规范以及其他文件中已经做出规定的要求,比如国家规定的教学目的、教学内容、教学标准和教学大纲等。隐含的需要包括顾客的期望或不言而喻的需要,如家长希望学校、教师公正地对待自己的子女;社会希望学校能够管好学生,减轻社会负担;学生希望自己能够通过规定的考试,升入高一级学校等。必须注意到,满足顾客要求只是学校管理的一个基本要求,只有达到甚至超过顾客的期望,给顾客一种意外的惊喜,才能使顾客满意。具体说来,主要体现在如下三方面:第一,为顾客提供充分、优质、公平的教育机会,满足顾客不同的教育需求。如对于学生而言,顾客导向理念在于管理者应以学生为主体,学校的任何行政事务都应以提升学生素质以及满足其生活上的最大需要为目标,管理上应人性化,尊重学生的个性和尊严,在教学上以学生能接受的方式,教给他们需要的内容。第二,建设服务型学校。要把家长、学生、教师等当作学校的顾客,保障他们对学校行为的知情权和监督权,保障他们民主参与教育决策。构建可接近性和灵活性的反应系统,及时提供各种信息,回应各种需求,提供便捷的人性化服务。第三,尊重家长和学生的教育权力,赋予家长一定的教育选择权,促使学校对受教育者的需求做出积极回应,真正将"以人为本"的理念贯彻到学校改革中去。如在美国,拓展父母的选择权,日益被视为撬动教育体制改革的杠杆。以提高家长自主选择权为特征的教育凭证制度重新引起人们关注,一些州开始尝试推行教育券政策。通过教育券,家长被赋予一定教育选择权,能自由选择最能满足他们需求的学校。学校被迫对市场及受教育者的需求做出快速反应,在教育券的流动中实现学校的优胜劣汰,充分体现了"消费者主权",从而提高了学生家长的满意度。

第五节 市场经济对高等教育管理体制的挑战

党的十四大确定的要建立社会主义市场经济体制使我国各项事业开始了一场深刻的变革,为我国教育事业的改革与发展指明了方向和目标,也对高等教育管理体制提出了新的挑战。市场经济与高等教育之间是相互渗透、相互作用的,市场经济制约着高等教育,高等教育服务于市场经济,二者表现为相互供需的关系。高等教育的发展规律必须适应市场经济的客观规律,高等教育的体制改革也必须应对市场经济体制的挑战。

一、市场经济对高等教育的影响

经济基础决定上层建筑,高等教育作为上层建筑的重要组成部分,受一定社会的经济、政治、文化所制约,并为一定社会的经济、政治、文化服务。因此,市场经济对高

第一章 变革时代的高等教育

等教育的影响具有客观的必然性,在我国社会主义经济由计划经济体制转向市场经济体制之后,高等教育要想独立于市场经济之外是不可能的,必然受到某些冲击与影响。

一方面,市场经济的大潮冲破高等教育原有的运行机制,给高等教育带来有力的动力机制,驱动高等教育加快改革步伐。这是市场经济给高等教育带来长期效应的集中表现,也是市场经济对高等教育影响的本质所在。

市场经济对高等教育的积极影响主要表现为:第一,市场经济的健康发展为高等教育的良好发展创造良好的社会环境。市场经济的健康发展,社会生产力的提高,综合国力的提升、人民生活水平的提高,为高等教育的发展提供良好的外部环境。同时,市场经济中多种所有制形式的存在,将进一步促进形成多种形式发展高等教育的新局面,适应人们接受高等教育的需要,形成国家办高等教育与社会、个人办高等教育并举的格局。第二,市场经济的发展为高等教育改革注入新的活力。随着市场经济的发展,我国经济建设的速度和社会各项事业的发展速度加快了,社会各方面对高层次专门人才的需求急速增加。而且,随着人们生活水平的提高,对接受高等教育的需求也相应提高,这为高等教育的改革与发展注入新的活力。第三,市场经济的发展促进高等教育观念的不断变化,引起了高等教育领域内部的深刻变革。市场体制要求的开放意识、创新意识、竞争意识、信息观念、时间观念、效益观念等必然会渗透到高等教育的思想观念之中。高校管理体制到办学体制,从招生到就业制度,从教育结构到教学内容,从投资结构到自主办学以及教育的其他方面,都发生了新的变化。第四,市场经济的发展将为高等教育提供广阔的社会实践领域。市场经济体制有利于高校教育根据市场需求确立人才培养目标,调整专业设置、改革教学方法;有利于在高等学校内部建立起提倡竞争、讲究效率的机制,调动起广大教师的积极性,促使教师主动地探索新的教学过程;有利于高等院校面向社会,缩短知识转化为生产力的周期,促进科研成果的转化。

从长远看,市场经济为高等教育的改革和发展带来活力。但另一方面,市场经济的天然性的弊端——本位性、盲目性、自发性,也不可避免对高等教育产生一定负面的影响。市场经济的自发性容易导致教育目的的模糊,其多变性容易导致教育规律难以遵循,其开放性使得师资队伍不稳定,其本位性容易导致教育价值取向的偏颇,其功利性致使教育主体行为扭曲,其短期性使得教育功能萎缩等。当前高等教育中出现的重科研,轻教学;重应用开发研究,轻基础理论研究;重有偿服务,轻无偿服务;教师重第二职业,轻本职工作;学生重外语和计算机,轻系统知识的学习等都折射出了这种影响。

目前,我国正处于市场经济的不断完善阶段,其中不完善的成分必然反映到受制约的高等教育身上,尤其是在社会转型时期,高等教育不可避免地要受到某种侵蚀。同时,高等教育自身体系的不完善又为这种消极影响提供了土壤。我国原有的高等教育模式是建立在计划经济体制下的。面对经济体制的转轨形势,高等教育在失去固有依托的条件下,既很难维持原有的运行机制,又很难建立起新的运行机制。在这种情况下,高等教育往往就会随波逐流,市场经济的某些弊端就会乘虚而入,高等教育自身也不可能超越经济规律的制约而寻求自己的"避风港"。再加上文化传统包括积习已久的思维方式,面对市场经济的冲击,要想做出新的选择是一个痛苦的过程。由此就有可能产生极为相反的两种倾向:一种是维护传统的教育模式,另一种是对新观念尚未完全理解和消化之前的全盘接收,而这两种倾向在一定时期以一种"畸形"的结合方式贯穿在高等教育的改革过程之中。

市场经济已成为我国经济发展的主旋律,高等教育作为社会的一个有机体不可能摆脱或躲避市场经济的冲击,市场经济对高等教育的影响是一种客观存在,其中既有积极的正面影响,也有消极的负面影响。高等教育要积极主动地适应市场经济,借助建立市场经济体制产生的推动力,抓住机遇,促进高等教育的改革和发展,积极应对市场经济对高等教育的挑战。

二、市场经济对高等教育的调节

在市场经济条件下,大学身不由己地卷入了市场,不可避免地要受到市场的调节和支配。市场对高等教育的调节有许多优点:

首先,通过发挥市场的调节作用,高校对外界社会的需求反应和适应变得更加敏感、快捷,有利于高校自主招生和合理设置专业。威廉斯评论道:"市场模式的主要优点是它可以不断地刺激学院和大学,使其适应不断变化的经济和社会状况。"高等教育的市场调节主要是通过高校对消费者需求变化、劳动力市场需求变化和社会对知识产品的需求状况的反应表现出来。当市场上某一专业的人才需求发生变化时,高校和消费者便会根据这种供求变化信号,按照自身的经济利益,及时调节自身活动,以在市场竞争中求得生存和发展。就消费者而言,他选择进入什么学校、选学什么专业,一方面反映了目前和未来劳动力市场对某一方面人才供求状况;另一方面也反映了目前高校市场的价格(收费水平)、竞争(入学选择)。就高校而言,它对市场的反应,主要通过消费者需求变化、劳动力市场变化来实现。消费者市场供不应求时,高校便以各种方式争夺生源;劳动力市场某些专业人才供过于求、某些专业人才则供不应求时,高校便立即调整专业和教学方式,增设培养社会紧需人才的专业,缩减或取消个别专业培养计划,以适应市场的变化。

其次,市场的积极调节作用有利于高校合理定位,办出特色,办出水平。格拉夫在谈论美国高等教育时认为:"在美国这种系统中,消费者的需求起着重要作用。消费者掌握着平衡杠杆,而计划者却没有;消费者不仅可以选择进入哪所院校,而且可以随意退出,从一所院校转入另一所院校。由于存在着如此广泛的入学选择权和以后的退学权、转学权,因此各学院和大学的生存或者依赖于满足用户的需要,或者依赖于以自己大学的优秀质量来吸引用户。只有形成自己学校的特色才能吸引用户,雷同则不能。既然如此,许多院校都努力建立自己的特色,而不是被动地接受统一的模式。"在强大的市场作用面前,高等学校不得不力图办出自己的特色,力争做到"人无我有、人有我优",以与众不同的服务内容和方式,确保自身在市场竞争中立于不败之地。

最后,市场的调节作用有利于高校建立市场主体意识,发挥自身的主观能动性。在市场经济条件下,任何一个经营主体都面临着赢利、亏损、破产的可能性,都必须承担相应的利益风险。风险机制以利益的动力和破产的压力作用于商品经营单位,使得每个经营者时时刻刻关心生产经营情况,从而督促和鞭策他们奋发努力,变革更新,不断进取。高校虽然不同于企业具有经营性,但同样受市场竞争机制的影响。因循守旧、故步自封、一成不变,会导致其在激烈的竞争中被淘汰,只有改革创新、因时思变,才能取胜于市场。

由此可见,市场对高等教育的教育观念、办学体制、管理方式、教学方式、招生与就业制度以及人才培养模式等各方面产生了重要影响,给高等教育的改革和发展带来生机与活力,促使高等教育必须改革体制,调整结构,提高质量和效益,并且从社会和经济发展的需要着眼,从实际出发,着力办出高校自己的特色。因此,高等学校要遵循市场经济规律,引进市场机制,面对市场自我调节,以适应市场经济对高等教育提出的新要求。

三、市场经济对高等教育管理体制改革的要求

社会主义市场经济的完善和发展,对高校管理体制的改革提出了新的要求。一是高等教育要面向市场需求培养人才。市场经济的发展需要对人才素质的要求更加全

面,既需要有文化、懂技术、业务熟练的劳动者,也需要具有现代科学技术和经营管理知识的管理人员;既需要能够适应现代科学文化发展和新技术革命要求的高级专业技术人员,也需要品德好、能力强、业务精的综合性人才。教育管理体制改革就是要从体制上促使人们转变教育观念,树立正确的人才观和教育观,适应市场经济对人才的要求,培养满足市场需求的人才。这就要求高等教育体制改革要与经济体制相适应,树立教育为经济建设服务的观念,克服狭隘的为教育而教育的旧观念,同时还要树立大教育观念,即树立全时空的教育观。在空间上,放眼未来,要把学校教育与家庭教育、社会教育结合为一体,打破封闭式的围墙里的教育,把教育和社会联系起来,放眼社会,放眼世界。在时间上,要把就业前教育和就业后教育结合起来,把学校教育纳入终身教育体系中去考虑。学校的就业前教育不仅要考虑学生将来从事什么职业,而且要使他们获得终身学习的能力,以便能够根据科技发展、生产变革以及市场的变化随时参加学习。

二是高等教育要调整培养目标,改革教育内容和方法。市场经济的主要特点是开放性、竞争性、创新性、法治性。为适应这些特点,就要求教育培养的人才具有宽广的知识视野,善于捕捉信息;有果断的决策能力,敢想敢干,勇于创新;有经济头脑,注重经济效益,讲究工作效率;有较强的法治观念,善于处理人际关系等等。为此,在培养目标上要克服单纯追求应试升学的观念,注重学生基本素质的提高。在市场经济的条件下,仍然要坚持社会主义教育方针,培养学生在德智体诸方面都得到发展。特别要加强思想道德教育,提倡敬业精神。要教育学生坚持真理和正义,反对虚伪和邪恶。在教育内容上要改革,要加强科技教育,增加发展社会主义市场经济所需要的内容。特别是高等学校和职业技术学校要根据市场经济发展的需要,根据当地的条件调整专业设置、课程内容。在教育方法上要改变那种只是为了应付升学考试的呆板死记的做法,注意减轻学生的课业负担,使学生生动活泼主动地发展。

三是建立适应社会主义市场经济的教育体制。我国现行的教育体制高度集中,高度统一。这种体制使办学缺乏生机和活力,难以办出特色。在这方面,高等教育的问题最为突出,表现在教育投入和发展与经济投入和发展不适应,专业设置和教育质量与市场经济不适应,招生、分配制度与社会需求不适应。根本的问题是教育体制与社会主义市场经济体制不适应,因此必须加以改革。教育体制改革的目标是加强院系的决策权和办学的自主权,使院系和一线工作的教师能够参与决策,根据市场的需求调整教育结构,调整专业设置、课程计划和培养方式;能够根据自己的条件和院系的优势办出自己的特色;能够参与科技市场竞争,把院系的教学与科研、生产联系起来,利用学校科技优势,创造新的科研成果,并迅速转化为现实生产力,从而促进社会主义经济的发展。

四是面向市场经济,建立有中国特色的现代大学制度。随着经济体制改革的深入,传统的大学制度越来越不适应经济体制改革的要求,建立与社会主义市场经济体制相适应的具有中国特色现代大学制度,成为我国高等学校管理体制改革的目标。现代大学制度应与社会主义市场经济体制相适应,符合高等教育的规律,管理体制与运行机制相统一。现代大学制度的本质是面向社会,自主办学,民主管理;基本特征是学术自治、政校分开、权责分明、管理科学。建立现代大学制度的核心,就是为了有效地配置教育教学资源。实现这一目的最有效的方式,就是在现代大学制度的建设中,引进市场体制和运行机制,增强大学制度对市场的适应能力。

市场经济已成为我国经济发展的主旋律,高等教育作为社会的一个有机体不可能摆脱或躲避市场经济的冲击。建立与社会主义市场经济体制相适应的高等教育管理体制是市场经济发展对高等教育的必然要求。

第二章 高校管理体制改革的理论基础

高校是一种知识密集型的社会组织,它以精神产品的生产为己任,以科学主义和人文主义为精神内核,以文化的开拓者和光大者为追求,是社会进步、发展的重要动力。现代和后现代社会中的高校面临的环境更加开放,知识创新的速度更快,遭受社会其他组织的冲击更多,高校组织内部的分工和变化更为繁杂,其管理体制改革涉及的范围更广泛,如何使高校既保持自己独立的人文气质和科学精神,又能使其在管理体制方面得以不断地创新需要一定的理论指导。现代公共管理理论中的委托代理理论、科层管理理论、绩效管理和人力资本理论以及服务型组织理论等已经被广泛应用到社会的各个领域,这些理论从不同的方面也为我国高校管理体制改革提供了必要的理论依据和支撑。

第一节 委托代理理论

委托代理理论是过去几十年里契约理论最重要的发展之一,其中心任务是研究在利益相冲突和信息不对称的环境下,委托人如何设计最优契约激励代理人。高等学校属于准公共产品,既有一般意义上委托代理关系所具有的特点,又存在着其他委托代理关系所不具有的特殊属性。高校管理体制改革可借鉴和运用委托代理理论的一般分析方法和一般分析框架,坚持权责利相统一,最大限度地调动代理人的积极性,在发挥其主观能动性的同时,又能保证其行为目标与委托人的要求相一致,从而促进高校管理体制的创新。

一、高校管理体制改革的委托代理理论

委托代理理论从思想渊源上最早可以追溯到亚当·斯密。他在《国富论》一书中

第二章 高校管理体制改革的理论基础

认为,股份公司中的经理人员,使用他人而不是自己的财富,不可能期望他们以像私人公司合伙人那样的警觉性去管理企业,因此,在这些企业的经营管理中,或多或少地疏忽大意和奢侈浪费地行事总是会流行。这实际上已涉及代理问题,揭示出经理人员与投资者之间潜在利益的不一致性。到了20世纪初,伴随规模巨大的开放型公司的大量出现,委托代理问题更加突出。美国经济学家伯利和米恩斯(1937)在《现代公司与私有财产》一书中直言,管理者权力的增大有损害资本所有者利益的危险。他们认为,由于发生了所有权与控制权的持续分离,可能会使管理者对公司进行掠夺。为解决这一问题,他们提出了早期的委托代理理论,倡导所有权和经营权分离,企业所有者保留剩余索取权,而将经营权力让渡。20世纪60年代末70年代初,一些经济学家在深入研究企业内部信息不对称和激励问题的基础上,进一步研究委托人如何才能有效地控制和监督代理人即经理人员的行为问题,对委托代理理论进行完善和发展。委托代理关系在社会中普遍存在,寻求激励的影响因素,设计最优的激励机制,被越来越广泛地应用于社会生活的方方面面,时至今日,委托代理理论已被广泛应用到社会的各个领域。

委托代理理论作为制度经济学契约理论的主要内容之一,主要研究的委托代理关系是一个或多个行为主体根据一种明示或隐含的契约,指定、雇佣另一些行为主体为其服务,同时授予后者一定的决策权利,并根据后者提供的服务数量和质量对其支付相应的报酬。授权者就是委托人,被授权者就是代理人。委托代理理论从不同于传统微观经济学的角度来分析企业内部、企业之间的委托代理关系,它在解释一些组织现象时,优于一般的微观经济学。委托代理理论的主要观点认为:委托代理关系是随着生产力大发展和规模化大生产的出现而产生的。其原因:一方面是生产力发展使得分工进一步细化,权利的所有者由于知识、能力和精力的原因不能行使所有的权利了;另一方面专业化分工产生了一大批具有专业知识的代理人,他们有精力、有能力代理行使好被委托的权利。但在委托代理的关系当中,由于委托人与代理人的效用函数不一样,委托人追求的是自己的财富更大,而代理人追求自己的工资津贴收入、奢侈消费和闲暇时间最大化,这必然导致两者的利益冲突。在没有有效的制度安排下代理人的行为很可能最终损害委托人的利益。委托代理理论的中心任务是研究在利益相冲突和信息不对称的环境下,委托人如何设计最优契约激励代理人。

我国高校管理中存在着两组相互联系的委托代理关系。一是上级教育行政部门与高校之间,在高校与上级之间由于信息不对称,高校的利益随着改革的进行产生了独立的利益,高校作为上级的代理人与上级利益不相一致;二是高校内部上级与下级之间存在着委托代理关系,高校是委托人,下级是代理人。具体而言,校长与各部门、各学院管理者之间形成一级委托代理关系,各部门、各学院负责人是代理人、校长是委托人;部门和学院管理者与教职工又形成一级委托代理关系,教职工是代理人,管理者成了委托人。因此,高校内部上下级之间直到最底层的教职工的契约性质的委托代理关系是普遍存在的,每一较高层次的决策者和下一层次的决策者之间的决策权分配关系,都存在委托代理关系,始于校长归于教职工的各级高校内部委托代理关系逐级传递,并最终由教职工的决策决定教育目标的实现。

高校内部的委托代理管理既有普通意义上委托代理关系的属性,也具有自身的特征。一是高校委托代理关系更加复杂,高校的委托代理关系一般而言层次更多,所涉及的利益主体更为多样,而且委托代理关系存在一定程度的较为复杂的行政等级因素;二是高校委托代理关系的契约更为隐性。契约是约束代理人行为实现委托人目标的根本方式,但对于隐性契约而言,监督会更加困难,导致的代理成本可能更高;三是委托人的目标更加多维化,甚至不明确。经济领域的委托人常常以利润最大化作为唯一的目标,而高等教育更多的是把人才质量、科研成就、文化价值、社会效益等作为目标,这种目标的泛化导致了在监督、考核中出现更多的困难。四是高校的绩效指标更加虚化。正是由于隐性契约、委托目标的多维化等特点,导致了高等教育委托代理关系的指标体系非常虚化,指标体系的虚化导致在订立契约、监督、考核以及重新订立契约时都会变得更加艰巨。

二、基于委托代理理论的高校管理体制改革

我国高校管理体制改革的核心在充分给予办学主体自主权的同时对其实施有效的监督和约束,以实现办学效益的最大化。这就需要面临两个方面的矛盾:一是给办学主体充分的主权是必要的,它可以带来效率的提高,但与此同时也可能会带来制约的失控;二是对办学主体进行监督和控制是必要的,但这又可能会使这种监督和控制带有强烈的行政色彩,产生过多的干预,而带来效益的下降。缓解这种矛盾,促使二者形成有机结合和统一,我们可以借鉴运用委托代理理论的一般分析方法和一般分析框架,坚持权责利相统一,最大限度地调动代理人的积极性,在发挥其主观能动性的同时,又能保证其行为目标与委托人的要求相一致,避免和消除代理人利用职权和信息优势牟取私利和侵害相关经济当事人的利益。这体现在高校管理体制改革的多个

第二章 高校管理体制改革的理论基础

方面。

第一,报酬激励机制。高校报酬激励机制由固定工资、岗位津贴、奖金等组成。固定工资作为较为稳定可靠的收入,起到了基本保障作用,满足了高校工作人员规避风险的愿望和要求,但固定工资所起的激励作用较弱;奖金有一定的风险,它与代理人的"德、能、勤、绩"相联系,有较强的激励作用,但易导致短期行为;岗位津贴若能配之以合理的考核,则能结合固定工资与奖金的优点。

第二,控制权与声誉激励机制。与委托人拥有剩余索取要相对应,代理人应具有经营控制权,它不仅能给其带来地位等方面的心理满足,而且使其具有在职特权,享受职位消费,给代理人带来正规报酬激励以外的物质利益满足。马斯洛认为,人的需求具有多层次性,通过在激励约束机制中配置相应的声誉或荣誉激励机制,赋予代理人职业生涯中的声誉包括强烈的成就感以及由事业成功所带来的职业声誉、社会荣誉和地位等,使代理人行为符合委托人的目标和要求。

第三,内部监督约束机制。现代公司制企业中的法人治理结构,通常建立由股东大会、董事会、经理人员和监事会构成的权力相互分离和制衡的机制。这种机制体现了所有者及其他利益相关者对高层经理人员的要求,形成了高层经理人员的组织监督约束机制,这种约束既表现为诸如《公司法》之类的法律约束,也表现为公司章程、管理制度等的管理约束。与此相类似,高校管理体制的创新必须逐步建立起较为完备的内部监督约束机制,通过教育立法和建立完善且可行的规章制度管理条例在上级政府与高校之间、高校内部各职能部门之间、各职能部门与教职工之间建立起权力相互分离又相互制衡的监督约束机制。

第四,竞争约束机制。经济学业已证明,规范而又有序的竞争市场有助于增进社会福利,提高效率。要真正解决好高校管理体制中存在的瘤疾,有效的竞争市场的存在不可或缺。为此,要建立起与代理人市场相类似的竞争市场。这种市场应包括内部市场和外部市场两大部分。内部市场即在某一管理单元内部的代理者之间形成相互竞争,通过职务的升降和必要的奖罚使代理者的表现更为出色;外部市场即各管理单元之间代理人之间的相互竞争。显然,通过建立这两大市场,既能在代理人之间形成相互约束和制约,又有助于对代理人的声誉及能力进行准确的评价。

第二节　科层管理理论

科层管理理论是马克斯·韦伯提出的关于权力要依据职能和职位进行分工和分层，以规则为管理主体的组织体系和管理方式的理论。作为一种管理方式，科层管理理论由于其本身特有的技术性、管理性等特点，对于行政管理组织效率的提高具有重要的意义，它为现代社会的组织管理提供了有效的工具。高校作为社会系统中的一个组织，不可避免地受到了这种理论的影响。科层管理理论所倡导的效率原则、分工原则及其制度原则都为高校管理体制改革提供了积极的借鉴价值。

一、高校管理体制改革的科层管理理论

科层制是指一种以分部—分层、集权—统一、指挥—服从等为特征的组织形态，是现代社会实施合法统治的行政组织制度。科层管理理论属于古典组织学派的一个分支，它是由德国社会学家和管理思想家马克斯·韦伯首先提出的。通过对传统型权威、个人魅力型权威和法理型权威三种权威关系的分析，韦伯认为建立在法理基础上的科层制是最有效的组织模式。在《社会经济组织理论》一书中，韦伯从社会学的角度分析了行政组织的性质和职能，并提出了科层管理理论的一些基本观点，主要包括权力分层、职位分工、规章制度的设立和人情关系的淡化等。从科层管理理论的内容，我们可以看出科层制具有明确的专业化分工、严格的权威等级、稳定的规章制度等特征。作为一种行政管理的组织形式，科层制的效率形式让人瞩目。正如布劳在1956年《现代社会中的科层制》一书中所指出的，科层制尽管具有反功能，但无论在组织的合作还是控制领域，它都有着突出的效率意义。正是由于其突出的效率意义，科层制被从工商界引入到学校管理中，并对此产生了重要的影响。教育管理学家马科斯·阿伯特认为，韦伯的科层理论适用于学校组织。他提出，学校"可以确切地被描述为高度发展的科层组织"。

我国高校的管理属于典型的"科层制管理"模式，具有明显的科层组织的特点，并按科层制的原则运行。第一，高校作为社会系统的一种正式组织，都有明确的发展目标；第二，高校在其业务系统和管理系统中都建立有专业分工的体系，并建立有相应的岗位责任制，以保证组织目标的实现；第三，高校内部都有一套正式和完善的规章制

度,包括教学管理制度、人事分配制度、财务管理制度等,以保证高校的运行有章可循;第四,我国高校纵向一般分为校—院—系等若干层次组成的"权力等级体系";第五,高校对人员的选拔任命有严格的资格限制和考核制度,教职员工按照自己的职务、责任、工作量领取工资。我国高校管理的各要素和组成体现了科层制管理的基本观点,这种体制按照科层制的原则规定了差等性的责任和权限,以建立学校顺利运行所需要的秩序,保障了教育组织的"秩序、理性、可行和稳定"。

与此同时,高校不仅具有一般社会组织的属性,它还具有另外一些有别于其他社会组织的特征,这决定了高校管理体制中的科层制管理也具有自身的特征和属性。第一,高校是行政权力和学术权力并存的二元化结构,即学术权力作为一种内生力量发挥着支配作用,行政权力则作为一种外在的结构形式维系着高等学校组织的存在和发展,在高校中行政职位不是唯一的权力来源,学术权力也会对决策产生影响,尤其是学术权威的影响力更强,所以高校的科层制管理的权力分层更为复杂。第二,高校基本活动的承担者——教师存在较强的自律要求,排斥外界以各种条条框框所进行的刚性控制,而且其参与民主管理的意识和能力较强,他们崇尚学术自治和学术自由,因此对以强调制度建设、命令服从、层级节制为基础的运作方式的科层制管理要求更具灵活性。第三,高校工作对象和工作方法的特殊性促使高校科层管理制度更具人性化。高校的工作对象是活生生的学生,而且其主要工作方法是通过教师的人格魅力、学术修养等人性化的途径影响学生、教育学生、培养学生,这一过程不可能是完全理性的、毫无情感的,所以高校科层管理制度更具人性化。

二、基于科层管理理论的高校管理体制改革

高校作为社会系统中的一个正式组织,其管理采用科层制具有天然的合理性,同时,高校管理体制改革的主要任务之一就是要使行政事务从学术、教学中分离出来,这也需要科层管理理论作为理论支撑。

首先,科层理论的效率原则与高校管理体制改革的目标相统一。科层理论认为,学校教育过程具有理性,因此应该以有效的方式来恰当使用高校的人力和物力资源,使有限的教育资源产生最大的效益。学校实行科层管理,其目的是追求效率和合理化。其中,效率是指学校组织的投入与产出的比率;合理化是指学校组织内一切管理行为均应合乎理性,并为学校教育目标的实现服务。实际上,教育组织效率问题是我国高等教育管理研究所忽视的一个方面。无疑,提高教育行政组织的工作效率、高校

行政的工作效率及教师的工作效率,对我国高等教育的发展和提高起着至关重要的作用。

其次,科层理论的分工原则与高校管理体制改革的根本任务相一致。分工是科层管理的一个显著特征。高校管理体制改革的根本任务就是在高校内部建立层次不同,分工不同的岗位,以构成学校内部严格的层级节制系统,形成以职权、职位作为组织内部的控制与被控制关系的原则,进而取代传统组织中以裙带关系作为控制关系的原则,使得学校管理更具合理性。因此,高校内部在纵向也应分为各个不同管理层次,各有明确合理的职、责、权的分配;横向应分为不同的职能,各专业所组成的学院分管不同的业务。克服管理中的盲目性和随意性,以提高管理的成效,从而提高办学质量和效益。因此,应综合考虑学校的发展规模、学科分布和人文情况,确定具体的管理模式,形成宏观控制有效、微观协调得力的组织体系。

最后,科层理论重视规章制度的理念与高校管理体制改革的基本思想相协调。强化规章制度管理的作用是科层管理的一个重要特征。科层制组织的构建形成、部门分工、职位设置、成员选拔,一直到组织的运作,每一个成员的权力和责任,都是由法律制度(不光包括成文制度,也包括不成文制度)明确规定的。规章制度的制定使得学校管理更为制度化、秩序化和科学化,它将学校组织内每一职位的业务范围、工作程序、行为标准以及学校系统内各科室的职责、科室与科室之间的关系,以规章制度的形式明确下来,使学校内的各项工作有法可依,有章可循。因此,建立科层制的高校管理组织,有利于排除领导者的个人影响,以完善的制度作为组织运作的最高法则,使学校朝着良性的方向发展。

第三节　绩效管理理论

绩效管理是近些年来西方国家推动政府再造的有效工具之一,旨在提高政府机构的效率和公信力。绩效管理对于组织的发展和成功具有重要意义,对于计划、组织、领导、控制、创新等各种管理职能的实现具有重要的引导和推动作用,对于明确组织目标、营造组织文化、形成组织的核心竞争力、调动员工的工作积极性、激发成员的创造性、发挥组织的团队精神等各个方面都具有引发、引导、刺激、推动和促进作用。随着公共部门改革进程的拓展和深入,绩效管理在高等教育领域得到了普遍的适用。在高校这个特殊组织中引入了绩效管理有利于提高高校的综合管理水平和办学效益,有利于促进管理者与教师的交流沟通。

一、高校管理体制改革的绩效管理理论

所谓绩效管理,是指各级管理者为了达到组织目标对各级部门和员工进行绩效计划制订、绩效辅导实施、绩效考核评价、绩效反馈面谈、绩效目标提升的持续循环过程,绩效管理的目的是持续提升组织和个人的绩效。绩效管理的思想始于绩效评估。20世纪中后期,研究者在总结绩效评价不足的基础上,拓展了绩效的内涵,并于20世纪70年代后期提出了"绩效管理"的概念,80年代后半期和90年代早期,随着人们对人力资源管理理论和实践研究的重视,绩效管理逐步成为一个被广泛认可的人力资源管理过程。

现代绩效管理理论大量引入现代管理理论、系统控制理论的基本思想,认为绩效管理应是一个完整的系统,绩效管理的根本目的是传导、实施组织战略,绩效管理系统应该与组织的战略和目标相联系,包括绩效计划、实施、考核、反馈与沟通、结果应用五个步骤的循环过程。从深层次看,现代绩效管理在促成企业价值创造的同时,又建立了企业价值分配的基础,促成员工绩效和素质的不断提升的同时,促成组织业绩和素质的持续改进,实现了组织和员工的双赢。其内涵反映了现代企业管理实践的需要,为企业管理开辟了新的思维空间和运作平台,它不仅是企业战略执行力的强大引擎,而且也成为提高企业的核心竞争力的中心环节和直接手段。绩效管理方法经历了非制度化到制度化的演变。在制度化绩效管理阶段,又经历了从传统的重点突出评价功能的绩效管理方法,到现代的全面关注整个流程的系统化绩效管理方法的进化,即全面兼顾绩效计划、实施、沟通、评估、结果应用等管理环节,与此同时,绩效管理在理念上经历了从单纯实施激励促进绩效,到强化执行力,再到提高核心竞争力的跃升。但无论何种方法,其核心都是对组织或个人绩效的管理控制,其本质是对绩效信息的获取、分析和应用过程,都是管理控制的一般规律。

绩效管理在企业管理中的成功运用对提高管理效率的显著作用,使我们在进行高校管理时看到了借鉴的必要。但是,高等学校不同于企业,两者性质不同,管理目的不同,运作方式不同,因此绩效的评价与管理也会不同。高等学校的绩效管理是指通过对发展战略的建立、目标分解、业绩评价,将绩效成绩用于高等学校日常管理活动中,以激励干部教师业绩持续改进并最终实现其发展战略目标的一种管理形式。

一般而言,绩效是指"一个组织的成员完成某项任务,以及完成该项任务的效率与

效能",是效率和效益的总和。效率指投入、产出之比,一般是对物质成果的量化计算结果。在高校中,效率可以包括教学效率、科研效率、管理效率等。教学效率是指教学投入与教学效果之比,科研效率是指科研投入与科研成果之比,管理效率当然是指在管理方面的投入与管理结果、管理水平之比。效益则包括经济效益和社会效益,是指工作或管理的结果和价值。

按照绩效的分类方式,高等学校的绩效,也分为员工绩效和组织绩效。教职员工是学校各项工作的执行者,员工绩效是指教职员工在某一时期内的工作结果、工作行为和工作态度的总和。各部门的绩效是部门在某一时期内完成的数量、质量、效率及赢利状况等,它是部门内所有教职员工的绩效的总和。整体学校的绩效是所有部门绩效的总和。员工绩效与组织绩效既互相区别又紧密相连。一方面,员工的绩效直接影响着组织的绩效,教职员工的绩效管理是绩效管理的重点和基础;另一方面,组织在其运行过程中,其系统结构以及运行机制的合理与否也会促进或阻碍员工绩效的发挥。换言之,教职员工的工作状态与学校的高效运转是相辅相成的,通过绩效管理可以使二者进入良性互动。

因此,我们可以从三个方面概括高校绩效管理的特征。第一,高校绩效管理是实现目标管理的工具。绩效管理以目标管理为基础,具有明确的目标导向性。高校形成总体的绩效目标后,逐层分解为所有部门、学院和教职员工的绩效目标,由此使部门、学院和教职员工的工作目标同学校的战略目标有机地结合在一起。同时,绩效管理尽量通过数字化的分析,体现管理的效益和效率,避免模糊概念,使管理者能对员工和组织的绩效情况一目了然。第二,高校绩效管理是一个综合体系和一个不断提升的过程。绩效管理是一个包括若干个环节的系统,如绩效评价、评价反馈、改进与提高绩效的行动和计划。绩效管理不仅强调绩效的结果,而且注重达成绩效目标的过程,通过控制整个绩效周期中员工的绩效情况达到绩效管理的目的。通过绩效管理,发现员工之间的差距,找出员工工作中存在的问题,从而使员工扬长避短,不断进步。在绩效管理中,存在的问题不会长期滞留,而是能得到及时的解决,也就是说绩效管理强调自身的"预警功能""修复功能""优化功能",通过绩效管理,持续改进工作效能。第三,高等学校绩效管理还特别强调沟通辅导及能力的提高,赋予各级管理者人力资源管理责任,真正体现以人为本的精神。绩效管理促使管理者对员工进行指导、培养和激励。以提高员工的工作能力和专业水平。通过绩效管理,促使各级管理者之间、管理者与员工之间进行沟通,增强学校的凝聚力,树立较强的团队精神。

二、基于绩效管理理论的高校管理体制改革

高校的绩效管理注重教职员工的个人成长，体现了以人为本的精神。绩效管理注重的是学校的整体效率和效益，而这正是实现学校的可持续发展、协调发展的关键所在。一个没有绩效的学校是谈不上可持续发展的，也谈不上协调发展。在高校管理体制改革中，人事制度改革是一个关键的环节，其中也集中体现了绩效管理理论的思想。人事制度的改革的目的是提高学校的整体效率，提高办学的效益，同时要实现教职员工的不断进步和成长。

应用绩效管理理论对高校教师进行绩效管理具有重要的实践意义，这是提高学校的员工绩效和组织绩效的最有效方式，也是确保人事制度改革成功的关键。国内虽然有许多学者对于教师绩效考核理论和方法进行了研究，但在总体上没有形成一套科学的理论体系。高校教师绩效管理是把国家对师资的要求具体化、行为化、指标化，制定成科学的教师绩效评价指标体系，评价者根据指标体系系统地收集资料，对影响教师工作质量和水平的各种有效性行为因素进行价值判断和有效的控制，以达到预期的目标，所以高校教师绩效评价的意义不仅在于明确是非，区分工作的优劣程度，更重要的是分析问题、找出原因、做出选择，对于教育实践活动予以指导，加以控制和调整，寻找改善教育教学工作行为的途径，推进高校人事制度改革的进程。

在高校对教师实施绩效管理，要兼顾学校发展目标与教师个人发展、长期目标与短期目标、定量考核与定性考核、行为与结果有机统一。一是要明确绩效考核目的，鼓励教师积极参与。高校要逐渐将绩效考核由奖惩性绩效考核转变为发展性绩效考核，明确考核的目的是为了提高每位教师的工作业绩，并将这种理念用通俗的语言传达给教师，使他们能够主动参与考核的过程。同时高校要建立合理的绩效管理的流程，绩效管理是一个通过双向持续的沟通来制定并实现组织目标的过程。因此，绩效管理并非只是人事部门的事情，绩效考核、绩效管理的实施主要由院系，甚至教研室来完成，人事部门主要负责考核的流程及方法程序上的建议指导，教师的积极参与是绩效考核有效执行的重要因素。二是要规范考核过程，明确考核职责。在高校教师绩效管理工作中各类人员的职责主要包括三个方面：教师的岗位职责、管理人员的职责和后勤服务人员的岗位职责。三是要重视反馈沟通，考核结果运用多样化。绩效沟通贯穿于绩效管理全过程。信息的不对称和考核过程的不透明将影响绩效管理的效果，因此必须通过适当的沟通和培训使管理人员和教师真正了解绩效管理的目的和作用，以及与他们

自身利益密切相关的意义所在。在双向明确的前提下,坚持全过程的沟通,绩效沟通理论才能在实践领域真正得以实行。绩效考核完成之后,其评估结果和其他管理环节相联系,使绩效考核为人力资源其他各环节提供有力的支持,形成整个系统的良性循环。

第四节 人力资本理论

管理作为人类一种特殊的实践活动起源于人类社会成员劳动的集体性、组织性和社会活动过程中相互协调的必要性,它引导个人的个体活动服从于组织制定的共同目标。显然,组织是管理的载体,管理归根结底是对人的管理,人是管理的主体,也是管理的客体,管理的核心问题是人的管理。管理活动中的最核心内容是如何约束人的行为以及激励人的积极性和创造性,从而为组织创造最大的效益。人力资源管理理论作为在企业管理实践中证明了的人才管理理论,其基本思想对今天的高校管理体制改革同样具有指导意义。

一、高校管理体制改革的人力资本理论

1979年诺贝尔奖获得者西奥多·W·舒尔茨是公认的人力资本理论的构建者。1960年,他在美国经济协会的年会上以会长的身份做了题为《人力资本投资》的演说,阐述了许多无法用传统经济理论解释的经济增长问题,提出人力资本是当今时代促进国民经济增长的主要原因,开辟了关于人类生产能力的崭新思路。他认为,物质资本指物质产品上的资本,包括厂房、机器、设备、原材料、土地、货币和其他有价证券等;而人力资本则是体现在人身上的资本,即对生产者进行教育、职业培训等支出及其在接受教育时的机会成本等的总和,表现为蕴涵于人身上的各种生产知识、劳动与管理技能以及健康素质的存量总和。其后,经过多位西方经济学家的丰富和发展,形成了较为完整的人力资本理论体系。人力资本理论认为:人力资源是一切资源中最主要的资源,在经济增长中,人力资本的作用大于物质资本的作用;人力资本的核心是提高人口质量,教育投资是人投资的主要部分;教育投资应以市场供求关系为依据,以人力价格的浮动为衡量符号。人力资本理论深刻阐述了人力资源对于经济社会发展的重要性,教育对人力资源发展的关键性,诚如我国古语所云:"致天下之治者在人才,成天下之才者在教化。"

第二章 高校管理体制改革的理论基础

随着教育经济学和教育管理学的不断发展,人力资本理论在高等教育管理中也日益显示出其重要作用,从而引起了对高校人力资源管理的思考。高校人力资本泛指高校中从事教学、科研、管理和后勤服务等方面工作的教职工总体所具有的劳动能力的总和。可以将高校人力资本大致划分为三个方面:管理者人力资本,即指行政管理人员,也叫决策者的人力资本,其中典型代表是校领导的人力资本;直接生产者人力资本,主要包括教师和科研人员,这是学校中存量最大、价值最高的人力资本,如何通过行政部门制定一系列方针、政策、规范、制度和措施,对教师和科研人员进行选拔、调整调配、培训考核、晋升工资等,逐步提高福利待遇和进行奖惩,是高校人力资本管理的重点;间接生产者人力资本,主要是指后勤服务人员和教辅人员,随着高校后勤社会化改革的推进,这部分人力资本的重要性逐渐减弱。高校人力资本的主体作为具有较高文化教育背景和良好素质的群体,除具有一般人力资本的特征外,还另有其特殊性,主要表现在:高校人力资本在质和量两个方面都极为丰富,在日新月异的高科技发展和社会信息化的趋势中,高素质、高水平的教师是办好学校的根本;高校人力资本具有极强的主观能动性,知识分子所追求的高层次精神需求占据重要地位;高校人力资本具有极强的潜在流动性,高校教师在市场经济体制下依靠自身人力资本丰富的储备,具有很大的优势和较强的竞争力;高校人力资本具有个人需求的多样性,主要表现在对个人自由和事业独立等方面的各种追求及对自我价值实现的满足等,因为高校教师的学术劳动力(教学和科研群体)本身具有很强的独立性和自我意识,在时间和意志等方面享有很大程度的自由。

高校人力资本管理是高校管理的一个重要的方面,是指通过制定并实施一定的规则,形成激励与约束机制,促进组织内部人力资本使用效率的最大化,进而实现人力资本与知识和技术创新产品价值最大化目标的活动与过程。在运行中要把握好下列原则:第一,公开竞争原则。在机构和人事制度改革中,教育部提出高校要推行"教师聘任制和全员聘用合同制",总的原则是按需设岗、公开招聘、平等竞争、择优聘任、严格考核、合约管理,把对职工的身份管理转向岗位管理。这样既可以保障教职工的合法权益,也有利于学校事业的发展,促使高等学校作为一个生产人力资本的"企业",提高其生产水平和产品质量。第二,自由自主原则。在社会主义市场经济条件下,人事制度改革的最终目标就是要建立人力资本的自由流动机制,而这种自由流动机制必然是建立在人力资本所有者与人力资本需求者之间的平等的法权关系和经济关系之上,逐步强化合约约束机制。由于高校对人力资本需求的质量和层次均高于一般物质资料生产组织对人力资本的需求,所以在获得人力资本时必须与所有者进行自由、平等交易。第三,市场定价原则。在社会主义市场经济体制逐步完善的过程中,人力资本的投资、生产配置和使用也正在实现市场化。高校要想获得更高的固有价值和使用价值的人力资本,必须坚持市场定价原则,向人力资本所有者提供具有市场竞争力的报酬和其他福利待遇。前几年高校大量人力资本流失也与我们违背这一原则有关。第四,激励使用原则。人力资本价值的发挥很大程度上是由自身的潜能决定的,这种潜能的发挥程度与激励有很大的关系。因此,在高校人力资本管理上要适时使用表扬和鼓励,将精神奖励和物质奖励相结合,以精神奖励为主。实事求是地在本校树立各方面的典型人物,作为大家学习的榜样。同时要实行优胜劣汰,改变传统的人力资本管理观念,克服过去那种接收人力资本时先考虑好管不好管,再看有多大本事的错误观念,要不断吸纳和接收有更大使用价值的人力资本,并及时淘汰不称职的人力资本。

根据上述学校人力资本管理原则,合理选用和配置高校人力资本需首先转变观念,按市场经济运行规则运作,才能取得最佳效果。在实际运作中,还需建立有效的质量与效率评价制度和交叉配置制度。同时,由于高校的人力资本的管理工作性质具有高度的复杂性,既难以量化,又难以评定价值,更难以衡量劳动的效率,所以建立有效的质量和效果评价制度是非常必要的,也是高校提高人力资本管理质量的必要条件。

二、基于人力资本理论的高校管理体制改革

人力资本是经济发展的要素,高校作为人力资本的高地,在高等教育日益面向市场经济的条件下,高校管理体制改革中的人事制度改革应在有利于学科和师资队伍建设的前提下,逐步改变原来的纯行政事务型的管理运作形式,创新机制,转换观念,加快实现高校人事管理向人力资源管理的转变。

第一,努力转变人才管理观念。现代人力资源管理的方向是将传统的经验型、行政型管理转变到科学化、标准化、规范化的轨道上来,管理观念要符合现代"以人为本"管理思想的要求。首先确立人在管理中的主导地位,在尊重教职员工自主性、劳动的特殊性的基础上,协调教职员工个人发展目标与学校整体发展的关系,增强教职员工对学校的归属感和为学校服务的责任感。继而围绕调动人的积极性、主动性、创造性去展开管理的一切工作,充分开发人才资源,使高校的各级各类人才适其位、用其能、献其智,最大限度地在办学治校中发挥作用。

第二,建立健全人才竞争激励机制。竞争激励能够激发人的创新创造欲望,激活

人才的创新创造潜能;竞争激励可以实现人才的优胜劣汰,保持人才队伍的良性循环。在选拔、使用、实施奖励的过程中,做到公开、公平、公正,建立一套科学、公正的制度化、规范化的测评标准,切实做到人尽其才。要建立一套科学严格的各级各类人员各方面的工作有效的绩效考核,增加透明度并加强反馈。要注重物质激励与精神激励相结合。在两者结合的基础上,把重心转移到以满足较高层次需要,激发人才开拓进取,鼓励人才勇于创新,不断追求开拓创新、实现自我价值。

第三,推行合理的人才流动机制。高校要适应市场经济发展的要求,打破封闭的管理模式,建立以市场为导向的人力资源管理机制,强化人才流动服务职能形成高校内部人力资源市场和外部市场统一的人力资源市场体系。首先,坚持客观、公正、机会均等的原则,使人才得以合理流动,逐步建立人才资源科学配置机制。其次,对待聘、落聘富余人员可通过学校人力资源管理部门与所在地政府人才交流机构形成的网络。在学校之间、地区之间进行流动,也可由所在地政府人事部门所属的人才交流机构实行人事代理,政府人事部门所属的人才交流机构应积极为高校人才的流动提供服务。最后,对后勤服务机构人员,按市场经济运行体制,采取社会化开发策略。

第四,营造良好的工作环境。良好的工作环境不仅包括良好的办公环境,还包括良好的人际关系所创造的工作氛围,后者可能更为重要。管理既具有艺术性又具有科学性的二重性特征,决定了管理技术的二重性,即软管理和硬管理。在软管理和硬管理相结合,软管理占主导地位的情况下,人们会向受鼓励的方向发展,会在自己尊敬和喜欢的人面前表现得更好,会在和谐、高尚的氛围中完善自己。轻松、和谐的工作环境有利于教职员工创造性劳动,有利于创造力和潜力的发挥。在管理过程中,围绕学校的办学目标合理规划,确定整体性人力资源开发战略,尊重人才,尊重知识,营造良好的人才成长环境。要建立合理的人才引进、培养、使用、流动的运行机制,鼓励人才参加竞争,为优秀人才的脱颖而出创造条件。

第五节 服务型组织理论

建设服务型政府,是近年来各级政府实践"三个代表"重要思想,落实科学发展观,构建和谐社会的有益探索和重要实践,是我国行政管理改革的目标选择。服务型政府是指在公民本位、社会本位理念指导下,通过法定程序,按照公民意志组建起来的,以为公民服务为宗旨并承担着服务责任的政府,是把为公众服务作为政府存在运行和发展的根本宗旨的政府。高校管理有着类似于政府行政管理的性质,服务型高校管理亦应成为高校管理体制改革的目标选择。

一、高校管理体制改革的服务型组织理论

"服务行政"一词最早见于德国行政法学家厄斯特·福斯多夫发表于1938年的代表作《当成是服务主体的行政》一书。在国内,"服务行政"思想的提出至少可以追溯到20世纪90年代初。当时,台湾学者陈新民在《公法学札记》一书及其他一些相关文章中对福斯多夫提出的"服务行政"概念进行了介绍与解读。大陆的一些学者此时也开始意识到建立服务行政的必要性。陶学荣认为,要不断创新行政体制,增强其适应性,使之适应人民群众、社会组织和企业单位不断增多地对政府行政服务功能的需要。崔卓兰也提出要将政府的"管理"和"服务"融为一体,树立"管理即是服务"的思维模式。从此,公共行政将走向服务行政逐步成为学术界的共识,一些学者开始对"服务行政"的内涵与特征进行更深入的探究。沈荣华指出,可以从观念、功能、本质这三维角度来考察服务行政的内涵结构。从观念上讲,服务行政应以社会公众的需求为出发点,确立亲民意识和责任意识;从功能上讲,服务行政就是要转变政府的角色,使政府成为公共服务的供给者,要以出于公心、服从民意、设身处地为人民着想,努力提高服务质量为己任;从本质上讲,服务行政应以人民为主体,使政府充分发挥社会公共事务的服务性功能。张康之教授在《限制政府规模的理念》一书中提出了"服务型政府"的概念,"限制政府规模的问题必须在政府类型的根本变革中才能得到解决,那就是用服务理念取代传统的统治理念和近代以来的管理理念,建立起服务型的政府模式。""服务型的政府也就是为人民服务的政府,用政治学的语言表述是为社会服务,用专业的行政学语言表述就是为公众服务,服务是一种基本理念和价值追求,政府定位于服务者的角色上,把为社会、为公众服务作为政府存在、运行和发展的基本宗旨。"刘熙瑞对服务型政府的界定是:"服务型政府是在公民本位、社会本位理念指导下,在整个社会民主秩序的框架下,通过法定程序,按照公民意志组建起来的以为公民服务为宗旨并承担服务责任的政府。它把为社会、为公众服务作为政府存在、运行和发展的基本宗旨。"

高校作为社会的重要组成部分,其行政管理模式必将受到社会行政管理体制的影响,在中央明确提出要完善公共服务体系,强化社会管理和公共服务,加快行政管理体制改革,建设服务型政府的观点之后,"服务型高校管理模式"也应运而生。必然要求

高校管理体制摒弃原有落后模式,改变传统观念,采用更科学先进的行政管理模式,不断强化服务职能,提高自身服务能力和水平,以"服务"为中心,建立服务型高校行政管理模式,这同时也是我国高校管理体制改革的重要内容之一。服务型高校行政管理模式从管理观念上看,管理者将自身定位在服务者的角色上,普遍树立以人为本的理念,具备较强的服务意识,把为广大师生员工和其他相关利益者服务视为行政机构的基本宗旨;从管理职能上看,为师生员工等相关利益者服务成为行政部门的首要职能,高校行政机构根据相关需求提供全面而周到的服务,并重视提高服务质量;从管理方式上看,高校管理部门改变行政命令式的工作方式,尊重广大师生员工和其他相关利益者,重视其需求和意见,以平等的姿态为相关方面提供服务;从服务对象上看,高校承担着人才培养、科学研究和社会服务三大功能,这也就决定了高校行政部门基本的服务对象是学生、教研人员以及与学校合作的相关社会机构,他们的愿望和需求构成了学校行政管理活动的出发点和归结点。由此,我们认为可以这样定义高校服务型行政管理模式:高校行政部门以师生员工等相关利益者的需求为导向,以提供优质服务为首要职能,通过完善的服务制度和服务体系为师生员工及其他相关利益者提供高质量服务的一种管理模式。

服务型高校行政管理是一种不同于以往行政模式的新型管理模式,这种管理模式具有五个方面的特征:把服务作为核心价值观和行政管理机构的首要职责,把为师生员工和社会服务作为学校管理的出发点和归宿,具有服务性;倡导并实践尊重与平等的伦理观,尊重每个个体,强调人人平等,具有平等性;注重提高相关利益者在学校管理和决策活动中的民主参与程度,让其广泛参与到学校发展与建设中来,具有民主性;建立科学有效的沟通回应机制,学校行政部门与师生员工及社会服务对象之间能够保持畅通无阻的有效沟通与交流,具有回应性;学校行政部门及时向师生员工、家长及其他相关利益者公布相关工作信息,使决策和管理活动更加透明和公正,具有透明性。

二、基于服务型组织理论的高校管理体制改革

新公共管理运动提出的"政府的管理职能应是掌舵而不是划桨""政府应广泛采用授权或分权的方式进行管理"的思想,给高校内部行政管理改革提供了一种新的思路。构建服务型行政管理体系是高校管理体制改革的重要方向,同时也是一项涉及管理理念、体制机制、组织机构等诸多方面的系统工程,它不同于以往行政模式的新型管理模式,这就要求在高校管理体制改革过程中要借助服务型政府理论树立服务观念,完善制度体系、组织体系和保障体系,提高内部行政管理的效率。

第一,树立服务观念。服务型政府的核心理念在于政府要摆正自己的位置,树立为人民服务的思想。在高校管理体制改革中要正确处理好"管理"与"服务"的关系,培育并形成以服务为核心的管理理念。首先,要树立以人为本的理念。坚持"教育以育人为本、以学生为主体,办学以人才为本、以教师为主体"的原则,把师生员工的全面发展作为学校发展的核心目标,尊重和依靠广大师生员工,充分激发和调动师生员工的积极性、主动性和创造性。其次,要强化"管理即是服务"的意识。把服务视为管理的核心要素,把为师生员工和其他相关利益者服务作为学校的首要工作来做,将服务水平作为评价学校管理水平的核心指标。最后,要树立"管理意味着责任"的观念。高校行政部门的首要职能是服务,服务就意味着要对服务对象负责。因此,要大力加强管理者的责任意识,努力构建责任型高校行政管理机构,行政管理人员要主动关注师生员工的利益诉求,对师生员工、家长和其他相关利益者负责。

第二,完善制度体系。推进高校管理体制改革,建立服务型的高校行政管理模式,制度建设是基础。一是要完善科学民主的决策制度。不断完善重大事项集体决策、专家咨询、决策评估等制度,使决策更加科学化、规范化和专业化。涉及学校发展重大问题和师生员工切身利益的决策,应充分听取广大师生干部、家长及其他相关利益者的意见与建议,提高相关利益者的参与度,接受相关人员与组织的监督;建立健全决策后评价、反馈纠偏和问责等制度,及时发现并解决决策中存在的问题,减少决策失误。二是要完善沟通与回应机制。建立和完善学校行政机构与师生员工、家长及相关合作者对话的沟通机制,确保双向沟通的及时性和有效性,使学校行政部门能够准确了解师生、家长等相关利益者的愿望和需求。建立科学有效的回应机制,积极主动地回应相关利益者的诉求,确保其合理需求得到有效满足,其反应的问题得到及时有效的解决。三是要完善服务评价和监督制度。建立科学合理的服务评价制度,对行政部门的服务内容、质量与方式进行有效监督和控制。加强内部监督,健全监督制度,使行政管理工作在有效监督下开展。四是完善校务公开制度。推行阳光行政,努力建设透明式机关。既要公开工作结果,又要公开工作过程。要大力推进校务公开信息化建设,提高校务公开的信度和效度。

第三,健全组织体系。高校服务型管理组织体系有三方面的核心要素:扁平化的学校组织结构、弹性化的学校组织运行机制和专业化的组织成员。构建服务型学校管理模式要求进行组织体系的变革。建立简约化和扁平化的组织结构,形成弹性化的运行机制,同时要加强管理人员队伍的专业化建设。一要建设简约化和扁平式的组织结构。扁平化组织具有管理层次少、管理费用低、信息传递速度快、信息失真率低、管理跨度大等特点。既能提高组织工作效率和应变能力,又能激发和调动广大教职员工的积极性和创造性。应调整组织结构设计方案,改变传统多层级的直线式组织结构,减少过多的中间层机构和中层行政职位,使行政组织实现简约化和扁平化。同时,适当增设综合性服务机构,设计并建立科学合理的横向组织框架。不断完善横向组织机构。二要建立弹性化的运行机制。弹性化的运行机制能够有效提高行政部门的灵活性和应变能力,从而更好地处理突发事件,完成特定的服务目标。为此,可考虑实行弹性化的项目管理机制,即围绕相关工作任务,集合在不同部门、具有不同知识和技能的工作人员。形成目标明确、结构合理、协调一致的专门任务团体或日常工作团队,共同完成相关工作。待任务结束后团体成员各回各处。三要加强管理人员队伍专业化建设。服务型管理强调学校行政部门要向学生提供优质的教育服务,为教师和科研人员提供良好的教学科研服务,并不断推动学校的社会服务工作,这就要求学校管理人员要具备较高的专业素养和专业技能。因此,要大力推进管理人员队伍专业化建设,确保其能够提供专业化、高质量的管理服务。

第四,构建保障体系。服务型行政管理体系的建设,要求学校具备良好的保障条件,如充足的办学资金、良好的管理运行条件等。一是完善多元化投融资体系,不断拓宽办学资金来源,大力增加办学资金,为服务型行政管理提供良好的资金基础。二是加强数字化校园建设,充分利用信息技术、网络技术等先进技术手段改善学校管理运行条件,提高服务效率,建立完善网络服务平台,为教学服务。在服务型政府的建设中,政府电子政务系统、行政服务中心成为服务型政府建设的排头兵,对改善政府服务,方便人民群众起到重要作用。高校由于技术、观念的优势,电子服务平台的建设已初具规模,但出发点大多是为了改善管理而非加强服务的,许多平台不能满足学生和教师的要求。三是建设"一站式服务大厅"。为广大师生员工提供便捷、高效的服务。

 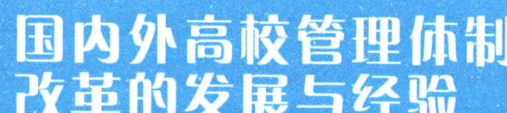

第三章 国内外高校管理体制改革的发展与经验

从问题研究的逻辑链路来看,开展基于自主协同视角的高校管理体制改革研究离不开对我国高校管理体制改革的历史回顾及对国外有益经验的学习借鉴。基于这样的认识,本章主要对中华人民共和国成立以来,尤其是改革开放以来我国高校管理体制改革的历程进行回顾与反思,并介绍国外高校管理体制改革的主要情况与基本经验等,以期为开展基于自主协同视角的高校管理体制改革研究提供历史基础、经验借鉴等。

第一节 我国高校管理体制改革

这里主要以 20 世纪 70 年代末的改革开放为时间节点,具体回顾从改革开放到现在我国高校管理体制改革的基本情况,主要包括高校管理体制改革的历程、取得的主要成效及采用的主要范式等,把基于自主协同视角的高校管理体制改革研究建立在对历史经验的总结与反思的基础上。

一、我国高校管理体制改革的主要阶段

社会政治、经济、文化和科学技术等的变革与发展是推动我国高校管理体制改革的重要外部因素,而完善管理体制的诉求则构成了改革的内在动力。改革开放以来,在这两方面因素的叠加影响下,我国高校管理体制改革不断向纵深推进并明显表现出阶段性的发展特点。本章以改革的目标、内容、方向和重点等为依据,把我国高校管理体制改革的历程划分为以下几个阶段。

1. 恢复与重建阶段(1978—1984 年)

20 世纪 70 年代末,随着改革开放政策的实施,我国社会生活的各个领域开始步

入快速发展的轨道。高校作为国家培养高层次人才和实现科学技术现代化的重要场所,也建立了正常的教育教学与管理秩序。1978年,教育部在1961年颁布试行的《教育部直属高等学校暂行工作条例》(即"高校六十条")的基础上颁布了《全国重点高等学校暂行工作条例(试行草案)》,全国各高校根据该条例对学校的管理体制进行了重新梳理。以此为标志,我国高校管理体制改革进入了恢复与重建阶段。这一阶段的改革内容主要集中在以下几个领域:一是恢复和调整了高校的领导班子;二是重新恢复了高校教师的职称评聘制度;三是建立健全了高校教师的培训与考核制度;四是进一步完善了高校内部分配制度和后勤保障制度等。总体来看,本阶段的改革主要着力于高校管理体制的恢复与重建,使高校重新步入正常的运行轨道。经过这一阶段的改革,我国高校管理体制基本上得到了恢复与重建。

2. 试点与探索阶段(1985—1992年)

1985年,以《中共中央关于教育体制改革的决定》的颁布为标志,我国高校管理体制改革进入了试点与探索的新阶段。该决定概括了当时高校管理体制中存在的问题并提出了解决这些问题的具体思路与途径,即"政府有关部门对学校主要是对高等学校管得过死,使学校缺乏应有的活力;而政府应该管理的事情,又没有很好地管起来。高等教育内部的科系、层次比例失调,要从根本上改变这种状况,必须从教育体制入手,系统地进行改革。在加强宏观管理的同时,坚决实行简政放权,扩大学校的办学自主权;调整教育结构,相应地改革劳动人事制度"。在该决定的指导下,高校的改革试点工作拉开了序幕,东南大学和南京大学成为首批试点学校,到1992年试点工作已推广至国家教委直属的36所高校。在总结改革试点经验的基础上,《关于国家教委直属高校管理体制改革的若干意见》和《关于普通高校管理体制改革的若干意见》等政策文件先后出台。总体来看,这一阶段的改革内容主要包括以下几个方面:一是尝试性地实行了校长负责制;二是研究了教师职务聘任制、岗位责任制和浮动岗位津贴制等;三是推动了高校后勤的社会化改革等。这一阶段的改革取得了较好的成效,对激发高校教师从事教学科研的积极性、主动性,提高高校教育教学质量和内部管理质量等起到了积极的促进作用。随后,改革试点高校的成功经验被全国其他高校学习和借鉴,我国高校管理体制开始进入适应社会主义市场经济需求的新阶段。

3. 逐步深化阶段(1993—1998年)

这一阶段开始的主要标志是1993年国务院颁布《中国教育改革和发展纲要》和国

家教委颁布《关于普通高校管理体制改革的意见》。这些政策文件明确提出了积极推进以人事制度和分配制度为重点的改革等目标任务。此外，根据《中国教育改革和发展纲要》的要求，我国高校还将改革的内容逐渐扩展到学校面向社会自主办学体制、学校后勤工作体制、学校招生与毕业生就业体制、科研与科技产业开发体制、学校董事会制、基金制及对学生采取收费后的奖贷学金制等。这一阶段改革的一个显著特点是从原来的单项、单一内容的改革逐渐过渡到全面性的综合改革。改革的具体内容主要涉及跨世纪高校领导班子的建设、高校教师队伍的建设、高校党政管理干部队伍的建设、高校科研成果的产业转化以及高校岗位考核与津贴分配制度等。在这一时期，建立高校独立的法人治理结构等目标也被提了出来。这也标志着高校改革逐渐寻找到了符合高等教育发展特点和人才培养规律的具体路径。

4. 整体性推进阶段(1999—2007年)

根据"优化教育结构，加快高等教育管理体制改革步伐，合理配置教育资源，提高教学质量和办学效益"的总体要求，从1999年开始，我国高等教育开始从精英教育向大众教育转变。高校合并重组、"211工程"和"985工程"等成为这一时期高校整体推进管理体制改革的重要抓手与切入点。在这一阶段，一方面伴随着高校的持续扩招，高等教育资源开始惠及更多人民群众，我国快速进入世界高等教育大国行列，高等教育在提高全民族科学文化素质中的作用得到了比较充分的发挥，但另一方面，随着高等教育的普及化和大众化，高等教育资源紧缺、教育教学质量下滑和毕业生就业困难等诸多问题与矛盾也开始显露出来。针对这些新出现的问题和矛盾，学术界开始从政府、社会与高校之间关系的视角来全面分析高校管理体制改革问题，并提出了理顺高校与政府、高校与社会、高校与市场的关系，下放高校办学自主权，多渠道筹集办学经费，深化以教学体制为核心的高校内部治理结构变革，进一步推进高校后勤社会化改革等多方面的重要建议。在深化上述改革的过程中，高校还建立健全了教师全员聘任制和绩效考核制等重要制度。

5. 改革新探索阶段(2007—2014年)

2007年，针对高校持续扩招带来的高等教育资源不足、生源素质下降和教育教学质量下滑的问题，教育部和财政部下发了《关于实施"高等学校本科教学质量与教学改革工程"的意见》。该意见主要涉及实施质量工程的重要意义、指导思想与建设目标、建设内容、建设资金与组织管理等方面的内容。2011年，教育部和财政部又下发了

《关于"十二五"期间实施"高等学校本科教学质量与教学改革工程"的意见》,决定在"十二五"期间继续实施"高等学校本科教学质量与教学改革工程"。该意见具体说明了实施教学改革工程的重要意义、指导思想与建设目标、建设内容和建设资金与组织管理等。2012年教育部发布了《关于全面提高高等教育质量的若干意见》。在这些政策文件的指引下,教育教学改革及质量提高成为这一时期高校管理体制改革的重点内容和方向。在高度重视高等教育教学质量的同时,我国高校管理体制改革还不断向其他领域延伸和深化,如当前实施的高校"双一流"建设。

6.改革创新阶段(2015年至今)

2015年,国务院颁布了《统筹推进世界一流大学和一流学科建设总体方案》,正式启动了我国高校"双一流"建设的战略发展规划,提出了加快建成一批世界一流大学和一流学科的目标。2017年9月,中央办公厅和国务院办公厅联合发布的《关于深化教育体制机制改革的意见》对深化教育体制机制改革提出了明确要求。《意见》将学校依法自主办学作为充满活力、富有效率、更加开放、有利于科学发展的教育治理格局的重要组成部分,要求深化简政放权、放管结合、优化服务改革,把该放的权力坚决放下去,把该管的事项切实管住管好,加强事中事后监管,构建政府、学校、社会之间的新型关系。习近平总书记在2018年9月召开的全国教育大会上指出,要深化教育体制改革,健全立德树人落实机制,扭转不科学的教育评价导向,坚决克服唯分数、唯升学、唯文凭、唯论文、唯帽子的顽瘴痼疾,从根本上解决教育评价指挥棒问题。要深化办学体制和教育管理改革,充分激发教育事业发展生机活力。

近年来,我国高校管理体制改革重点着眼于以下几个方面:一是确立完善高校内部治理结构、建立中国特色现代大学制度等改革目标;二是对高校管理体制改革进行统筹规划,通过做好顶层制度设计,重构内部组织权责结构、运行制度机制和理顺内外部关系等;三是依托强有力的改革权威来维护改革政策的刚性制度约束,破除高校内部的利益藩篱,使高校管理体制真正符合高等教育的发展规律并与构建现代大学制度的目标相适应;四是高度重视高校的教育教学改革及教育教学质量的提升;五是把建设世界一流大学和一流学科以及大学生创新创业教育提升至前所未有的重要位置。从总体上看,我国高校在20世纪初实施的"合并重组""211工程"和"985工程"等为之后开展的改革奠定了良好的基础,尤其是在整合高等教育资源和优化高校布局等方面发挥了十分重要的作用。随后,党和政府提出要构建中国特色现代大学制度,我国高校开始进入注重质变的内涵式发展阶段,这也是整体推进高校管理体制改革的一个重要特征与标志。

二、我国高校管理体制改革的主要成效

通过认真回顾和总结改革开放以来我国高校管理体制改革的历程,可以看出,我国高校管理体制改革在以下一些方面取得了成效。

1. 进一步明确了高校管理体制改革的目标与路径

党的十八大报告把教育放在了改善民生和加强社会建设的重要地位,提出了"努力办好人民满意的教育"和着力"深化教育领域综合改革、推动高等教育内涵式发展"等目标。推进教育领域综合改革是十八大报告对高等教育改革发展提出的新目标和新要求。2010年颁布的《教育规划纲要》也提出了不断完善治理结构、构建中国特色现代大学制度等任务。《教育规划纲要》从建设社会主义高等教育强国的战略高度,指出了高校管理体制改革的重要性与紧迫性,并明确指出要以深化高校管理体制改革来进一步构建中国特色现代大学制度,形成新型的高校内部治理关系等,即"要在坚持和完善党委领导下的校长负责制的基础上,探索高校理事会制度和内部治理结构改革,建立高校自我发展、自我管理、自我激励、自我约束相结合的管理和运行机制"。

党和政府关于高等教育改革和发展的重要论述为我国高等教育改革与发展指明了方向。具体来讲,就是要实现高等教育的内涵式发展,以提高高等教育的质量为核心,推进高校的综合改革,完善高校管理体制机制和构建中国特色现代大学制度等。这实际上就指明了高校管理体制改革的目标与路径。

从高校管理体制改革的目标来看,就是要建立和完善现代大学内部治理结构。"大学内部治理结构主要是指大学内部利益相关者之间各种权力的分配、制约和利益实现的制度规定、体制安排和机制设计,集中体现大学管理的结构、运行及其规制的主要特征和基本要求。"从改革的具体内容来看,就是要把高校管理体制改革作为一个复杂的系统工程,主要开展学校领导体制、干部人事、利益分配、教学科研以及后勤服务等多个子系统的改革等。从改革的具体路径来看,其中一个重要方面就是要从整体上有效协同推进我国高校内部管理的系统性变革。

概括地讲,完善高校内部治理结构和建立中国特色现代大学制度是当前高校管理

体制改革的重要目标,而促进高等教育内涵式发展、深化教育领域综合改革和协同创新则主要反映了实现改革目标的具体路径与方法。

2. 确立了高校管理体制改革的重点

改革开放以来,随着我国对内改革和对外开放的深入开展,高校管理体制改革也取得了突出的成就,积累了丰富和宝贵的经验。高校管理体制改革促进了高校基本社会功能的充分发挥,也为高校人才培养目标的实现奠定了坚实的基础。多年来,我国高校在不断完善内部治理结构的过程中,逐渐构建起了具有中国特色的管理体制和运行机制,并进一步明确了改革的重点领域,主要包括以下几个方面:一是现代大学制度的构建,如1999年颁布的《高等教育法》就明确了高校的独立法人地位,为实现依法治校、建立现代大学制度提供了制度和法律上的保障;二是高校领导体制的建立和完善,主要是确立了"党委领导、校长负责、教授治学、民主管理"的管理体制;三是高校内部竞争机制的引入,主要通过构建以绩效为核心的评价机制和利益分配机制等不断优化高校内部资源的配置方式,并为高校人才培养、科学研究、社会服务和文化传承与创新等社会功能的发挥提供内生动力;四是管理队伍和师资队伍的建设,即通过推进"教育家办教育"等加强了管理队伍和师资队伍的建设;五是提出了人才培养规格的新要求,主要强调在大学生中开展理想信念教育,促进大学生的全面成长与成才及加强创新创业教育等,目的是把青年学生培养成中国特色社会主义事业的合格建设者和可靠接班人。应该讲,这些重点领域的改革有力地推进了我国高校管理体制的改革与完善。

3. 逐渐建立和完善了与国情相适应的高校领导体制

党委领导下的校长负责制是经过长期的实践探索而形成的符合我国政治、经济体制要求,反映我国高校发展的内在要求,保证我国高等教育事业的社会主义性质和社会主义办学方向的科学的制度选择。同时,它也是我国高校管理体制改革的一个显著特征。在长期的实践探索中,我们对如何完善党委领导下的校长负责制这一核心问题有了比较清晰和理性的认识。具体来讲,党委领导下的校长负责制一方面要求充分发挥党委的政治领导权,主要包括对高校思想政治的领导权,对事关学校发展的重大战略性、全局性、根本性问题的决策权,干部任免权以及决策执行情况的监督权等,确保学校党委对高校办学方向、思想政治、改革发展和稳定等方面的全局性领导;另一方面要求充分保障校长依法独立、负责地行使行政管理职权,校长作为学校法定代表人和行政主要负责人,根据《高等教育法》和学校章程全面负责学校的教学科研和行政管理等工作。党委的职责与校长的职权深刻反映了我国高校内部治理的核心。在实际运行的层面上,党委领导下的校长负责制的内涵与要求主要有以下两个方面。一是党委书记是学校党委班子中的班长,全面主持学校党委的工作,是党委集体领导意志的重要体现者和领导行为的具体实施者;校长是学校行政的最高首长,在党委集体领导下对外代表学校、对内依法独立负责学校的教学科研及行政管理工作;书记与校长的关系,就是在党委集体领导下的分工协作关系;书记与副书记、校长与副校长是领导与被领导的关系,副职应协助正职做好分管工作;副职之间是分工协作关系,彼此应尊重、理解和支持。二是要制定和完善相关会议制度和议事规则等。相关的会议制度主要包括党委会、党政联席会议、党委办公会和校长办公会等。相关会议通过做出科学明确的决定和制定议事程序规则来形成正确的决策。在学校层面的领导体制与决策程序上,则应坚持"集体领导、民主集中、个别酝酿、会议决策"的议事规则和决策程序。党委领导下的校长负责制是我国高校管理体制改革,尤其是领导体制改革的一个成功经验和典型范例,该领导体制也经历了一个不断完善的过程。

4.制定了以目标为导向的绩效考核与分配制度

长期以来,我国高校管理体制改革一直强调"以人事制度和分配制度的改革为重点"来深入推进其他领域的改革。之所以这样做,很重要的原因就在于人事制度和分配制度是高校管理体制改革中的关键,它事关广大教职工的切身利益。只有科学、合理和以人为本的人事制度和分配制度才能充分调动广大教职工从事教学、科研和管理的积极性、主动性、能动性与创造性,并为高校人才培养质量的提高注入强大的动力。基于对该问题重要性的认识,并结合目标管理理论的基本思想,我国高校逐步制定了以目标为导向的绩效考核评价制度。其主要内容大致涉及以下几个方面:一是引入市场竞争机制,建立了教师评聘制度。即通过把岗位工作职责制度与教师评聘制度相结合,建立了教职工职称和职务"能上能下"的聘任制度,形成了高校人力资源配置中的优胜劣汰法则。这为优化人力资源配置、调动广大教职工的积极性和主动性奠定了基础。二是建立了以量化考核为核心的教学科研考核指标体系。对教师的教学工作,强调以课程学分制为核心,对教师的教学质量和教学工作量等进行量化考评;而对教师的科研工作,则以申报课题与立项、出版著作和发表论文的数量与级别、社会影响及科研获奖情况等为主进行量化考核。总之,对教师教学科研的量化考核成了衡量教师工作能力并进行绩效考核奖励的主要依据之一。这种考核方式有效激发了教师从事教学科研的积极性,但单纯强调量化的考核标准也带来了一些问题,如学术浮躁和学术造假等,这些问题值得注意并予以解决。

5. 高校后勤社会化改革取得突破性进展

改革开放以来,后勤改革一直是我国高校管理体制改革的一个重点领域。针对我国高校过去长期存在的因包办后勤而导致高校后勤机构臃肿、服务质量和效率低下、高校负担过重以及难以把注意力和关注点集中于教学科研等重点领域的弊端,后勤改革在事实上成了我国高校管理体制改革的一个重点领域与突破口,后勤改革的主要方向和目标就是推行高校后勤社会化。其主要方式和举措就是参照国外的相关做法,让后勤逐渐与高校脱钩,把高校后勤主要交由社会举办并实行承包责任制等。在这一思想的指导下,我国各个高校都不同程度地开展了高校后勤的社会化改革。通过改革,不仅减轻了高校的办学负担,提高了高校后勤服务工作的质量与效率,而且有效调动了广大后勤干部职工的积极性和主动性。

6. 调动了高校各个方面的积极性

管理的核心要素是人,管理改革的要旨就是要充分调动人的积极性、主动性和创造性等。这些年的高校管理体制改革充分调动了三个方面的积极性:一是充分调动了地方各级政府举办高等教育的积极性。在我国,随着"科教兴国"和"优先发展教育"等战略的确立,各级政府对高等教育重要性的认识逐渐深入,把发展高等教育作为促进地方经济社会发展及加强社会主义精神文明建设的重要抓手,兴办和大力发展高等教育的积极性空前高涨。二是充分激发了高校的办学活力和积极性。近年来,随着政府管理体制和方式等方面改革力度的加大,简政放权在高校得到了具体的落实,高校开始从单一、僵化的行政管理体制的束缚中解放出来。一方面,各级政府开始注重发挥市场对高校办学的调节作用和对资源的配置作用;另一方面,随着专业设置、教育教学改革、科研重点与方向等方面自主权的不断加大,高校的办学活力和积极性得到了有效的激发。三是充分调动了广大教职工的积极性和主动性。近年来,通过高校管理体制改革,特别是人事分配制度改革和建立以量化为主要特征的绩效考核制度等措施,广大教职工的切身利益得到了更多的重视和保障,他们从事教学、科研和管理等工作的积极性和创造性也得到了充分发挥。随着各个方面积极性的提高,高校的社会功能也得到了更加充分的发挥。

7. 高校管理体制改革支撑了高校办学层次的提升并适应了人才培养的新要求

近年来,我国高校管理体制改革的服务重心发生了一定的转变,具体表现在以下几个方面:一是通过高校管理体制改革着力提高高校的办学层次和水平。如 2015 年国务院颁布了《统筹推进世界一流大学和一流学科建设总体方案》,正式启动了高校"双一流"建设,明确提出了通过管理体制改革提升高校办学层次与水平的目标。二是通过高校管理体制改革,尤其是教育教学管理体制改革,大力提高高校的教育教学质量,并保证基本的人才培养规格。三是通过高校管理体制改革,强化学生创新创业能力的培养,即适应"大众创业、万众创新"的新形势和新要求,开展以培养学生创新创业能力为主要指向的教育教学体制改革。四是开展基于供给侧结构性改革的高校管理体制改革的尝试与探索等。事实上,近年来我国高校管理体制改革也主要是围绕这些重点领域展开的,并且取得了实质性的成果。

8. 引发了人们对高校管理体制改革的反思及理论探讨

我国高校管理体制改革的成效还表现为通过改革引发了人们对该问题的反思与理论探讨。如有人就通过分析中华人民共和国成立以来我国高校领导体制的历史演变,指出"一方面在分清党政职责,理顺党政关系上取得了一定的进展,另一方面问题与矛盾也还不同程度地存在。……在实践中合法行使党政职权也还遇到困惑与干扰。由此也说明高校内部领导体制的改革仍有继续深化的必要"。在高校内部管理机构的设置上,有人认为,"改革虽然取得了一定的成效,但离'精简、高效'的要求还有很大差距"。在学院制改革方面,改革在促进教育资源整合和加强学科专业建设的同时也引发了一些新的问题与矛盾:在高校人事分配制度上,虽然相关改革有效激励了教职工的积极性和主动性,但收入差距拉大等也加大了教职工的心理落差,加剧了人才在不同高校和区域之间的不合理流动;在高校后勤改革上,尽管通过引入市场竞争机制推动了后勤的社会化进程,但在取得经济效益和提高服务质量的同时没有很好地兼顾社会效益与教育效益等。另外,在高校教学体制改革、科研体制改革、人才培养体制改革和文化传承与创新体制改革等领域也出现了一些有价值的反思性总结。总之,这些反思与理论探讨触及了高校管理体制改革中的深层次矛盾与问题,也提高了人们对高校管理体制改革的理性认识与自觉性。

第三章 国内外高校管理体制改革的发展与经验

三、我国高校管理体制改革的主要范式

改革开放以来,我国高校管理体制改革在适应社会发展需求方面取得了一些显著成效。之所以能够取得这些成绩,很重要的一个原因就是采取了科学、有效和符合实际的改革范式。研究这些改革范式也可以为开展基于自主协同视角的高校管理体制改革提供有益的借鉴和启示。概括起来,我国高校管理体制改革的范式主要有以下几种。

1."渐进式"的改革范式

"渐进式"的改革范式主要指高校为适应经济社会环境的变化及发展的需要,采用渐进主义的方式对高校管理体制的构成要素进行不间断的改革,其目的就是要以"积小变为大变,以量变促质变"的方式来逐渐实现高校管理体制的整体性变革。高校管理体制"渐进式"的改革方式主要强调在总体改革目标的指引下,有序推进内部不同子系统协同改革的步骤等。在这个过程中既要防止部分领域出现"一枝独秀"和"单兵突进"的改革,又要杜绝不同利益主体对改革的观望和排斥以及由此导致的改革的停滞不前。事实上,高校内部各子系统在改革目标、具体制度、改革思路和进程安排等方面的自主协同,对整个高校管理体制改革而言都是一种渐进性的改革。高校管理体制改革是一个复杂的系统工程,并且在很多时候涉及各个方面利益格局的调整与改变,因此不宜采用大刀阔斧甚至推倒重来的改革范式。从这个意义上讲,"渐进式"的改革范式不失为我国高校管理体制改革的一种有效范式,它有助于实现高校管理体制改革的"软着陆"和改革目标的渐进性达成。对"渐进式"的改革范式,有学者做出了如下描述:"与我国 30 年改革开放取得成功一样,我国高校管理体制改革选择了注重成效、循序渐进、试点总结后前进、发现问题及时纠正调整的稳妥的改革策略。"

2."重点式"的改革范式

回顾和梳理我国高校管理体制改革的历程,其中的一条重要成功经验就是要明确改革的重点,以基于重点问题和重点领域的改革来带动其他方面的改革,从而实现改革的整体性推进。在这里,所谓"重点式"的改革范式就是指对高校内部的重点领域和关键环节进行改革,并在这个基础上推进高校的综合改革。如近年来我国高校管理体制改革主要集中在高校领导体制改革、人事分配制度改革和后勤管理制度改革等重点领域,并通过这些领域的改革实现了重点突破和以重点带动其他改革的目标。也正是

通过这些重点领域的改革,我国高校才能够站在新的历史起点上不断向前发展。概括起来,这些年我国高校管理体制改革的重点主要反映在以下三个方面。一是高校领导体制的改革。这方面的主要成果就是重新确立并进一步完善了党委领导下的校长负责制。该领导体制要求既要充分发挥党委在学校重大问题上的领导权和决策权,又要维护校长依法独立、负责地履行行政管理职权,同时,还设计了相应的配套政策与制度等。二是人事分配制度的改革。其主要成果是实施了教职工聘任考核制度,并以此为基础建立了绩效工资制度等,通过引入竞争激励机制来提高教职工的积极性。三是后勤管理制度的改革。其主要成果是大力推进了高校后勤的社会化,即通过引入社会资本等方式把学校的后勤服务工作推向社会。这样不仅减轻了学校的财政负担和压力,还有效改善了后勤服务工作的质量与水平。总之,正是通过开展这些重点领域的改革,高校初步构建了科学、合理的管理体制,为高校社会功能的发挥奠定了坚实的基础。

3."自上而下式"的改革范式

长期以来,我国高校管理体制改革实行的大都是"自上而下式"的改革范式。这种改革范式的一个主要特点就是政府和教育行政主管部门通过出台相应的政策措施和制度等统一推进高校管理体制改革。应该讲,这种"自上而下式"的改革范式主导了我国近年来的高校管理体制改革。其实,我国出现这一现象并不是偶然的。一方面,在过去很长一段时间里,高校缺乏必要的办学自主权,形成了对政府的过度依赖,也使各级政府在高校治理中扮演了绝对主导的角色。另一方面,这种情况的出现也与高校自身有关,出于各种原因,我国高校至今没有完全形成独立的法人治理结构,导致高校自身的改革动力不足。在这种状况下,如果缺少政府和教育行政主管部门的强力推进,高校的管理体制改革很难持续推进并且成效难以保证。来自政府和教育行政主管部门的强有力的改革权威及政策资源支持是当前高校各项改革取得成功的关键,也是推进高校管理体制自主协同改革的重要力量。但这种"自上而下式"的改革范式也需要不断改进和完善,其中的一个重要方面就是在保证党和政府对高校的绝对领导的前提下,各级政府和教育行政主管部门也要适当放权,充分发挥各方面尤其是高校自身参与改革的积极性和主动性。这就是说"自上而下式"的改革还需要与"自下而上式"的改革有机地结合起来。

4."自下而上式"的改革范式

尽管在我国高校管理体制改革中,"自上而下式"的改革范式占据了绝对主导的地位,但实际上这种形式并不是我国高校管理体制改革的唯一方式,在具体改革过程中也存在"自下而上式"的改革范式。所谓"自下而上式"的改革范式主要指在国家政策和法律的框架内,鼓励和支持各高校自行开展基于自身实际的、富有个性化的管理体制改革探索,在改革取得成效并形成典型经验的基础上,通过各级政府和教育行政主管部门把这些经验与做法在更大范围内加以推广并产生以点带面的综合改革效应。事实上,我国高校管理体制改革中不乏通过这种改革范式取得的成功经验,这是对"自上而下式"的改革范式的有益补充。

5. "由外及里式"的改革范式

"由外及里式"的改革范式主要指由外部社会的变革来触动与引发高校管理体制改革的范式。作为社会大系统中的一个子系统,高校与社会的各个方面形成了相互联系、相互制约、相互依存和相互促进的关系。社会大系统中的每一次变革都会影响高校内部的构成要素并促使其发生改革,从而与社会的变革相适应。这是外部社会变革与高校内部改革之间的辩证关系。如我国当前正在进行的政治体制、经济体制、文化体制和科技体制等方面的改革就引发了高校管理体制的相应变革,这就是"由外及里式"的改革范式的典型例子。理解"由外及里式"的改革范式的关键就是要明确引发高校管理体制改革的因素与动力来自外部社会。有学者就指出,"从总体看,30年高校管理体制改革的每一个阶段关注的主要问题都能看到当时社会改革热点的影子,而且通常是'滞后'社会改革一段时间"。

6. "由里及外式"的改革范式

在我国高校的改革实践中,尽管当前主要表现为"由外及里式"的改革范式,但毋庸置疑,教育的相对独立性及高校自身的社会功能等也决定了"由里及外式"的改革范式的合理性与合法性。与"由外及里式"的改革范式相反,"由里及外式"的改革范式主要指推动管理体制改革的关键因素在高校内部,并通过高校管理体制的改革促进外部社会的相应变革,由此表现出高校对社会创新和发展的强大推动作用。如有学者就认为:"随着高校管理体制改革的持续推进,其成功做法又推动了整个高等教育体系的深入改革,进而影响到整个教育系统和全社会的改革开放。"

以上六种范式是当前我国高校管理体制改革采用的主要范式,事实上,我国高校管理体制改革的范式并不仅仅局限于这六种类型,在实践过程中还存在其他一些改革范式。综合利用这些改革范式,有助于推进我国高校管理体制改革,也有助于促进基于自主协同视角的高校管理体制改革模式的构建。

无论从历史还是现实来看,上述六种改革范式对深化我国高校管理体制改革和构建科学有序的高校内部治理结构都发挥了积极的促进作用,并增强了高校管理体制对外部社会的适应性等。然而,近年来,随着我国高校管理体制改革的深入推进,这些改革范式所面临的"瓶颈"问题越来越突出,尤其是面对建设中国特色现代大学制度等改革目标,它们对高校管理体制改革的不适应也逐渐显露出来。而所有这些都要求我们在借鉴传统改革范式的基础上,引入更多新的改革范式,并实现传统改革范式的现代转型。在这一背景下,更加注重改革中的顶层设计与整体统筹、积极整合内部多元主体的利益诉求与协同推进内部各领域的改革进程,就成为优化改革范式的新要求与新需要。

第二节 国外高校管理体制改革

在全球化、国际化的时代发展背景下,开展高校管理体制改革和构建基于自主协同视角的高校管理体制改革模式还需要学习借鉴国外的成功做法与有益经验,尤其是一些发达国家的主要做法及经验为我们开展相关领域的改革提供了重要的借鉴。

一、国外高校管理体制的一些基本特点

从世界范围来看,美国和英国的高等教育具有世界影响和水平,而日本的高等教育则在亚洲处于相对领先的地位。从总体上看,这三个国家的高校管理体制及其改革都具有一定的代表性、典型性,其中有许多值得我们学习与借鉴的地方。基于这三个国家高等教育的地位与影响,以下简单介绍这三个国家高校管理体制及其改革的基本做法与经验,以期为我国当前的高校管理体制改革提供借鉴。

1. 美国高校管理体制的基本特点

美国高校实施的主要是以市场为导向、法制化程度较高和公平竞争机制较为完善的管理体制与机制。与地方分权的领导体制相适应,美国高校现行管理体制的一个显著特征也是地方分权。首先,从高校管理的隶属关系来看,美国大多数高校的管理权都在所在地方的州政府手中,联邦政府不直接管理高校的具体事宜,各州通过颁布实

施教育法案和经济政策等对高校的办学模式及人才培养机制等进行基于市场的引导。当然,在这个过程中高校的内部运行及管理等也必须接受来自联邦政府的监督与评估。其次,美国高校在管理体制中也同样实行分权制。美国高校内部的最高权力机构是董事会(主要负责高校与社会的联系、选拔任命校长和制定高校改革发展规划等),高校最高行政长官是校长(主要负责校内的各项行政工作和选拔任命副校长等,但校长不直接参与高校的事务性管理等)。在美国高校,校内教育管理和专业发展等方面的职权主要集中在教授委员会与学术委员会手中,它们具体负责高校的课程设置与教学安排、学科建设、教师选用、学位颁发和奖学金授予等,在一定程度上体现了以学术权力为主的管理特征。

2. 英国高校管理体制的基本特点

英国高校与美国高校在管理体制上具有一些相同或相似的地方,但也存在着明显的差异。相比于美国高校,英国高校的管理体制呈现出以下几个方面的鲜明特征:一是高校拥有高度的自治权,无论是在高校内部举行的各种选举中,还是在使用其所拥有的来自政府和社会的专项拨款及捐赠时,英国高校均享有高度的自主权;二是英国高校在内部事务的管理中也具有较大的自主权,培养方案的制定及课程的安排、招生计划的制订、师资建设的规划和人事管理制度的修订等也主要由高校自行决定,政府则无权干涉;三是英国高校在发展与建设过程中形成了一套比较科学和有序的内部权力分治系统,在该系统中,高校最高行政权力组织是高校的教职工委员会,主要由校内教师和社会相关组织的成员等共同组成,其主要职责是任命副校长、选聘教师和研讨学校的发展规划等,与其平行的则是由高校全体教授、系主任及教师代表等组成的评议会,评议会在英国高校内部拥有最高的学术权力。

3. 日本高校管理体制的基本特点

日本高校与英美高校在管理体制方面具有明显的差异。它一方面保存了自身的传统,具有集权性的办学特点;另一方面又具有开放、自由的管理特征。概括起来,日本高校管理体制的特点主要有以下几个方面:一是日本高校的办学模式主要有国立、公立和私立三类,在行政管理的分层上也有中央、地方、高校和学部等的区别,这就决定了在日本高校的管理体制中既有集权制,也有分权制,但无论是从管理权责的覆盖面还是管理实践的具体实施来看,分权多于集权;二是高度重视发挥临时教育审议会、中央教育审议会和大学教育审议会等的职能,高校通过召开多种形式的教育审议会,多角度、多层面和多维度地推动了日常管理,进而使高校的办学及教学科研等工作更加灵活并更具创新性;三是不断加大高校管理体制改革的力度,各个高校从考试制度、课程设置和日常事务管理等不同方面推动了管理体制的改革与发展。

二、国外高校管理体制改革的主要经验

通过对美国、英国和日本三个国家高校管理体制基本特点的梳理,可以发现,这三个国家高等教育的成功之处在于其管理体制及其改革具有相似的根源。虽然在这三个国家,政府、市场、社会和高校自身在高校管理体制改革中扮演了不同的角色并发挥了不同的作用,但从本质来看,加强改革中的整体性、系统性和协同性是这些国家高校管理体制改革的一个共同特点,也是其高等教育取得成功的一条宝贵经验。这无疑为我国高校管理体制改革提供了有益的经验与借鉴。

从美国来看,其高校管理体制及其改革主要有以下特点与经验:一是国家和政府对高校干预的间接性。即国家行政机关对高校的干预主要是通过颁布实施相关的法律法规与经济政策等来实现的,而并非进行直接的行政干预。这就为高校的自主发展提供了较大的空间,同时也使高校的自主改革较为灵活与主动。二是在学术权力和行政权力之间形成了协调统一的机制。即在该国高校的内部管理实践中,行政权力与学术权力有着清晰的边界划分,同时还形成了动态和有机的协调与配合机制。这就使得美国高校行政管理群体与学术管理群体在日常工作事务中既不会有过多的交叉,在管理实践需要时又能够有效地进行内部协调与统筹。三是确立了教授委员会在高校管理体制中的重要地位。在美国,教授委员会在高校管理体制中的地位极高,在专业教育领域内具有相当大的权威,这就从根本上确保了高校在学科建设、师资储备和人才培养等内部管理的各个关键环节始终能够围绕科研与教学等中心工作来展开。

从英国来看,其高校管理体制及其改革主要有以下特点与经验:一是高校具有一定的办学自主权。这可以从该国高校校长和副校长的选拔任用中得到验证。在英国,国家或政府任命的校长仅仅只是一个荣誉称号,高校的最高行政官员实际上是副校长,而副校长主要由教职工委员会来决定,而非由政府直接任命。高校领导的民主选拔制度保证了英国高校办学的自主权。二是高校对各类经费的管理与使用也具有一定的自主权。在英国,虽然高校对各类经费的使用也会受到监督,但如何使用则基本由各高校自行决定,这就从经费上保障了英国高校科研与人才培养工作的灵活性与创新性。三是高校的行政权力与学术权力相对统一和协调。在英国,高校内部的行政权

力与学术权力不仅完全平行,而且还通过评议会与教职工委员会等组织得到高效、协同的运行。

从日本来看,其高校管理体制改革对我国的最大启示就是建立了集权和分权相结合的管理模式。在日本,尽管分权制是高校采用的主要管理模式,但与英国、美国高校不同的一点是,在日本高校的管理体制中集权与分权共同存在。集权与分权并非完全相悖和不可共存的,相反,两者的有机结合还可以充分发挥各自的优势和有效避免各自的劣势。我国高等教育由于受历史文化传统和现行行政管理体制等诸多因素的影响,高度集中的管理氛围一直十分浓厚,这就引发了高校办学自主权不大和活力不足等问题。当前,无论是构建现代大学制度还是改革高校管理体制,都需要高校在内部管理中更加科学、合理地处理集权与分权之间的关系。尤其是在高校"去行政化"的改革背景下,日本高校的成功经验与做法无疑具有较强的针对性,值得我国高校认真借鉴。

综上所述,当前开展基于自主协同视角的高校管理体制改革研究离不开两个方面的重要基础:一是对中华人民共和国成立以来尤其是改革开放以来我国高校管理体制改革的历史回顾与经验总结,以此奠定研究该问题的历史基础;二是对国外高等教育发达国家相关改革经验的学习与借鉴,以此为研究该问题提供现实参照系。

第四章 高等教育管理体制深化改革的动力与阻力

第一节 高等教育管理体制深化改革的动力

高等教育行政管理体制深化改革的动力,大体包括外部动力和内部动力两个方面。

一、高等教育行政管理体制深化改革的外部动力

(一)经济体制与政治体制改革的推动

教育是教育者根据一定社会或阶级的要求,对受教育者实施的有目的、有计划、有组织的培养人的社会实践活动。教育本身因其任务的特殊性而具有一定的独立性,具体表现在以下几个方面。第一,教育与社会政治经济的发展存在着不平衡性,或者滞后于社会的政治与经济,或者超前于社会的政治与经济。第二,教育对社会具有积极的反作用。毛泽东曾指出:"一定形态的政治和经济是首先决定那一定形态的文化的;然后,那一定形态的文化又才给予影响和作用于一定形态的政治和经济。"第三,教育作为一个独立的活动形式,与其他意识形态有着相互影响的关系。教育以其培养人的独特使命而有别于其他意识形态。但是,教育思想、教育内容、教育方法却时刻摆脱不掉其他意识形态的影响;同时,教育也以其自身的独特性对其他意识形态产生积极作用,进而促进政治、哲学、伦理、科学、艺术、文学等意识形态的发展与进步。第四,教育具有自身发展的历史继承性。教育始终是在继承前人优秀文化成果基础上不断发展和进步的。由此可见,教育具有一定的个性和独立性。但是,教育的这种独立性是相对的,社会政治经济对教育的决定作用却是绝对的。这是因为,社会政治经济不仅决定了教育的领导体制、培养目标,而且规定了教育的内容。诚如马克思所言:社会关系

第四章 高等教育管理体制深化改革的动力与阻力

决定教育。

教育改革理论表明,社会的变革必然引发教育的变革。马克思恩格斯的经典论述充分体现了这一点:"物质生活的生产方式制约着整个社会生活、政治生活和精神生活的过程。""随着经济基础的变更,全部庞大的上层建筑也或慢或快地发生变革。"这些论断揭示了社会发展变化的客观规律,教育也不例外,必须遵循这一规律。由此可见,教育变革具有客观必然性,必然随着社会关系即物质关系和思想关系的变化而变化。然而,教育变革又不是孤立进行的,它是与政治经济的变革相伴而生的。我国"教育体制改革的根本目的是提高民族素质,多出人才,出好人才"。教育改革的主要内容包括教育思想的改革、教育体制的改革、教育内容与方法手段的改革等,其中,教育体制改革是重点内容。

我们不难发现,经济体制与政治体制的改革必然会影响并决定着教育体制改革。伴随着中国社会主义市场经济体制的形成与发展以及政治体制的改革,政府的职能和作用正在重新定位。这也引发了教育体制特别是教育管理体制发生前所未有的变革。在培养高精尖人才的高等教育领域更是发生了一系列重大变革。高等教育管理体制的变革是多方面的,具体表现为行政体制、办学体制、投资体制、招生体制、就业体制、内部管理体制等方面的变革。其中一个重要的方面就是高等教育行政管理体制的变革。在高等教育管理体制变革的诸方面中,高等教育行政管理体制变革的意义更为重大。它关涉政府职能转变、中央政府与地方政府的关系、政府与大学的关系等问题。

(二)国外高等教育行政管理体制改革的影响

长期以来,发达国家在高等教育行政管理体制改革方面做了大量积极的探索,为我国目前高等教育行政管理体制的深化改革提供了许多有益启示。

1. 正确定位,整体优化

正确定位是高等教育行政管理体制深化改革取得成功的前提。我国高校由于历史发展的原因,基本上形成了由中央与省级人民政府分别主管的部属院校和省属院校两种类型;由于发展水平与学科门类各异,又形成了研究型大学、研究教学型大学和教学型大学三种类型的大学。正是由于存在管理体制上与学术水平上的差异,实行分级、分类发展战略就显得十分必要。因此,明确各类学校发展的战略定位至关重要。正确定位包含了两方面含义:一是要充分认识高等教育管理体制改革对整个高等教育改革与发展的意义。二是要改变就事论事的错误观念,将高等教育行政管理体制改革,同当代我国社会的变革与发展的大环境联系起来。整体优化是高等教育行政管理体制深化改革所必须遵循的基本原则。我国高等教育行政管理体制深化改革,必须将各级各类高等教育行政管理系统视为一个有机的整体,积极建立适合市场经济环境的、有利于高等教育发展的新型行政管理制度及其运行机制。

2. 协调政府与大学的关系

协调政府与大学的关系应作为高等教育行政管理体制深化改革的主要内容。政府与大学的关系是划分高等教育行政管理体制类型的主要依据,调整两者的关系是目前国外高等教育行政管理体制改革的基本内容之一。目前我国着力扩大高校办学自主权。高校办学自主权是指依法设立的高等学校在国家法律允许的范围内,依法自主决定学校各方面的事务,实际上这也给高校指定了一个严格的活动范围。但在政府与大学关系方面的改革,必须关注以下三个问题:一是在政府与大学之间建立缓冲地带,扩大双方活动的余地,使双方都能发挥各自的优势;二是改变政府教育行政部门的职能,从直接管理变为引导、帮助、协调和监督,在有限度的前提下发展大学的自主性和责任性;三是完善政府调控的方式,充分利用行政命令以外的各种方式协调高等教育的发展。

3. 加强立法,责权明确

法制建设是高等教育行政管理体制改革的工作重点。无论实施何种高等教育行政管理模式与体制,大多数国家均强调严格依法治教,使高等教育行政管理规范化。如在日本,高等教育立法数量多,内容全面具体,因此,争议不多,易于执行;在法国,高等教育立法全面,且是全国各地各校都必须执行的,因此,便于推行全国性的主张和要求;美国更是注重通过立法手段对高等教育进行宏观调控,乃至有些美国人称其高等教育是较少的集权制、较多的法律规则。借鉴发达国家的经验,我国的高等教育法制建设首先应该加强高等教育的立法工作,颁发落实高等教育法规条例,进一步明确各类高校与各级政府的关系,扫除一切影响高校加快发展的体制性障碍,并建立高校接受社会监督和有效自律的机制。其次,要提高高等教育执法力度,同时也要加强高校优秀管理团队的建设,逐渐形成一支优秀的、职业化的管理队伍,以此促进高校战略目标的实现。再次,要加强普法宣传,提高教育工作者和其他公民的法律意识,使高等教育法制建设真正落到实处。

纵观世界各国对高等教育行政管理体制所实施的改革和探索,基本上是沿着"崇

第四章 高等教育管理体制深化改革的动力与阻力

尚民主—追求科学—合理分权—实现专业化"的轨迹和方向进行的,目的在于寻求适合本国国情需要的高等教育行政管理体制,以推动本国高等教育事业的改革和发展。上述分析使我们认识到,国外高等教育行政管理体制改革,为我国高等教育行政管理体制深化改革提供了有益的经验,并成为我国高等教育行政管理体制深化改革的重要外部动因之一。

一、高等教育行政管理体制深化改革的内部动力

辩证唯物主义表明,内因是变化的根据,外因是变化的条件,外因通过内因才能起作用。也就是说,如果只有来自高等教育外部的政治体制改革、经济体制改革以及国外高等教育行政管理体制改革的影响,而没有来自高等教育内部的变革要求,高等教育行政管理体制的改革也不会成为必然。这是由教育的相对独立性决定的。笔者认为,推动我国高等教育行政管理体制深化改革的内部因素,主要有以下几个方面。

(一)高等教育理念发生转变的必然要求

在我国社会漫长的发展过程中,高等教育理念经历了不断的演变与发展。中国古代的高等教育,主要表现为"学在官府,学术官守"。高等教育理念的核心价值取向是教人向善、注重德行的培养。正如《大学》所云:"大学之道,在明明德,在新民,在止于至善。""明明德"是指通过教育发扬人性中本来的善,培养健全的人格;"新民"是指通过教与学的统一,达到修己立人,推己及人,化民成俗,更新民众,改良社会风气;"止于至善"是指教育的最终目的,即通过教育,使整个社会达到"至善"的理想境界。汉代出现的设在京师的全国最高教育机构太学,设有博士(教师,学识渊深者),太学的学生有较多时间进行自学,有较好的自学条件,有随时问、请教的条件;在博士中相互论难蔚然成风,受其影响学生中亦有浓郁的学术气氛;学生可和负有盛名的学者论辩。但是,这种高等教育并没有超越"论道""务本"的核心理念。并且,到西晋时教育体制发生了重大变化,国家为五品以上官僚子弟专设了国子学,形成了贵族与下层士人分途教育,国子学、太学并立的双轨教育体制,并形成了类似于中国近代的高等教育理念——培养统治集团需要的政治精英。经过清末到民国,我国已基本上完成了高等教育的近代化。但这只是就"内容层面"和"制度层面"而言,"理念层面"的近代化却相对较少引起人们的注意。而西方近代大学理念,早在1856年提出的德国"洪堡传统"——"教学科研统一,学术自由",在当时却没有受到重视,当时的高等教育也没有

跟上世界高等教育的近代化步伐。

中国社会走到近现代,教育理论与实践家们开始认识到中国大学要想获得根本性的发展,其理念近代化的完成,即学术自由在大学里得以充分的实现,将是中国高等教育发展过程中一个不可超越的阶段。于是,蔡元培提出了"思想自由、兼容并包"办大学的理念。改革开放后的中国,也学习和采用德国"教学科研统一,学术自由"的"洪堡传统",大学开始肩负起教学科研双重任务。

步入21世纪的当代中国,其高等教育理念除了继续扩大高校办学自主权,努力使中国高等教育逐步实现"学术自由",形成崇尚学术的风气,即坚持求真务实、严谨创新,努力追求卓越以外,还进一步确立了高等教育的服务意识,在教学科研统一思想的基础上,明确了大学服务于社会的现代大学宗旨。所谓服务的理念,一方面体现为服务学生的理念,强调学习知识、掌握知识只是服务社会的手段。前芝加哥大学校长曾指出:大学教育的目的不在于训练"人力"(Manpower),而在于培育"人之独立性"(Manhood)。另一方面表现为服务经济的理念,即高等院校应该成为国家发展的思想库、科技发展的发动机、产业发展的孵化器。同时,还树立了"以人为本,以学生为本"的教育理念,即尊重人的尊严和价值,关注人的生命质量和发展潜能。如爱因斯坦所言,"大学应该永远以此为目标:学生离开学校时是一个和谐的人,而不是一个专家。"此外,我国高等教育还确立了面向世界的理念以及引领社会的理念。面向世界的理念即积极推进高等教育国际化,吸收世界文明成果,借鉴国际教育成功经验,加强全方位、高层次的国际教育合作。引领社会的理念即高等院校应创造新思想、新知识、新文化,引领社会前进。党的十六届三中全会又提出了一个新要求:"坚持以人为本,树立全面、协调、可持续的发展观,促进经济社会和人的全面发展。"以人为本,就是说,与物相比,人更重要、更根本,不能本末倒置,不能舍本逐末。因此,学校教育,学生为本。

总之,中国高等教育理念经历了务本(明明德,新民,止于至善)—务实(教学科研统一,学术自由)—服务(以人为本,以学生为本)的发展历程。观念决定行为,高等教育理念的变化与发展,势必要求高等教育行政管理体制因之而发生深刻变革。

(二)根除传统的高等教育行政管理体制之流弊的需要

传统的高等教育行政管理体制的流弊重重,主要表现为以下几方面。第一,中央主管部门的权力过分集中,统得过死,使高等学校缺乏办学自主权,无法主动适应经济建设和社会发展的需要,亦不利于充分发挥地方办学的积极性。第二,单一的国家举办体制包得过多,国家难以提供高等教育发展所需要的全部经费,又不能发挥社会各方面投资办学的积极性,严重影响高等教育根据经济建设和社会发展的需要实现进一步发展。第三,中央各业务部门分别直接管理大批高等学校,致使学校部门所有,自成体系,条块分割,学校和专业重复设置,单科性院校过多,办学效益差,结构也很不合理。

(三)遵循高等教育自身发展规律的客观要求

进行高等教育行政管理体制深化改革,也是高等学校的办学任务和办学规律所提出的要求。高等学校服务于经济建设这个中心任务,主要是通过培养专门人才和开展科学研究来实现的,高等学校的教学和科学研究,专业性、学术性很强,有其自身的规律和特点,只有教师和研究人员最清楚该如何办,如何才能取得最好的效果和价值。赋予高等学校办学自主权,能更好地组织教师和研究人员按照高等教育自身规律和特点办事。由此可见,高等学校有自身的相对独立性,在政府对高等教育行使管理权时,应该尊重高等教育的发展规律,努力营造良好的制度环境,进而实现对高等教育的宏观调控。

(四)提高我国高等教育竞争力的需要

当今世界各国竞争的实质,是以经济和科技为基础的综合国力的较量。科技是第一生产力,经济发展关键靠科技,而科技开发与应用则需要大批优秀的专门人才,人才的培养必然离不开教育。所以,一个国家经济和科技实力的高低,很大程度上依赖于教育水平的高低,特别是高等教育在其中起着举足轻重的作用。而且,21世纪的人类社会已迈入"知识经济"时代,一国的发展更加依赖于大量优秀的人才,人力资源培养与储备已经成为国家的战略问题。这也要求一个国家必须有高质量的教育,特别是能在国际上领先的高等教育。我国多年来推行的高等教育行政管理体制,显然已经难以应对国际竞争的需要。尤其是我国已经加入WTO,这更要求我们尽快摆脱传统高等教育行政管理体制的束缚,提升高等教育质量,加快人才培养。

(五)高等学校管理体制改革的推动

为适应市场经济的要求,自20世纪80年代中期开始,我国对高等教育体制进行了改革,目前已经取得了历史性的进展,为高等教育主动适应经济和社会发展的需要创造了条件。然而,在充分肯定高等教育体制改革取得的巨大成绩的同时,还应当看到,与我国社会的经济体制改革相比,高等教育体制改革的步伐还比较缓慢,高等教育市场存在很多问题,特别是关涉高等教育行政管理体制的改革举步维艰。究其原因,一方面是由于高等教育行政管理体制改革牵涉中央和地方的职责分工,关涉高等教育的结构布局;另一方面是由于改革涉及中央政府、地方政府、大学的权力分配以及权限范围等重大问题。因而,高等教育行政管理体制改革成为我国深化体制改革的重点和难点。

第二节 高等教育管理体制深化改革的阻力

改革是一种适应性变革,适应性变革会刺激人们的抵触情绪,因为它对人们现有的习惯、信仰提出了挑战。它要求人们接受失去某些东西的现实,体现了一种不确定感,甚至是表达出对人或者文化的背叛。变革迫使人们对周围事物提出疑问,同时还可能重新界定他们自己的身份,变革也会挑战人们对自身能力的既有认知,使人们感到失落、背叛、无力。人们对此产生抵触毫不奇怪。对待改革的观念应是探究而不是断言,鼓励沟通对话而不是禁止参与者发出不同的声音。组织环境的重要组成部分,就是能起到延缓甚至阻碍变革进程作用的各种抵制力量。在确定目标和选择变革策略时,必须对这些抵制力量做出诊断,并予以充分理解和高度重视。

高等教育行政管理体制深化改革作为一种适应性变革,其阻力是多方面的。改革举步维艰,变革过程中存在这样那样的问题,究其原因,都是因有重重阻力。

所谓高等教育行政管理体制深化改革的阻力,是指在高等教育行政管理体制改革的深化过程中,人们在面对高等教育现状被改变的现实压力面前所表现出来的力图维持现状的一切行为。从不同的角度看,高等教育行政管理体制深化改革的阻力又可以划分为不同的类型。

一、外部阻力与内部阻力

从改革阻力产生的领域而言,高等教育行政管理体制深化改革的阻力可以划分为内部阻力和外部阻力。

所谓外部阻力,是指来自高等教育系统以外的一切阻力,包括来自政府部门、社会、家庭以及教育系统其他层面的阻力。

所谓内部阻力,是指高等教育系统内部的一切阻力,包括高等教育行政管理者与高校领导者的素质及高等教育观念、高等教育制度环境、高校教师、高等教育投入，等等。

由此可见，改革的阻力是多方面的，这是由改革涉及的利益集团较多决定的。正如国外学者所言，"与教育改革密切相关的利益集团主要包括：学生及其家长、教育者（包括教师与学校行政管理人员）、知识行业（包括教育投资者、研究者、考试组织、出版界）和其他利益集团（工商界），以及国家或政府（包括中央及地方政府部门的教育行政人员）。"

综观我国高等教育行政管理体制深化改革的内外部阻力，笔者认为，外部阻力中来自政府部门的阻力表现突出。而内部阻力中，高等教育行政管理者、高校领导者的素质及其高等教育观念以及高等教育制度环境等因素则是主要阻力。

首先，政府部门特别是政府教育部门的行政人员，是高等教育行政管理体制深化改革的政策制定者和执行者。改革一旦深入，势必引起相关利益关系的变化，致使改革的深入受阻。

其次，高等学校教师目前的专业水平也阻碍了我国高等教育行政管理体制改革的深化。国外学者的研究表明，"如果专业地位是为这样一些职业所保留的：存在一个专业上公认的关于成就的知识团体；专业准入和工作成就的评价是由专业同行控制的，专业行为的决定是由同事之间的互动和专业团体的自主判断做出的，那么，教学工作在目前的确还不足以成为真正的专业。"目前，我国高校教师也面临着此类状况，从而阻滞了我国高校教师专业化水平的提高，而这也是教师专业化研究成为我国学术热点的原因之一。

再次，高等教育行政管理的制度环境尚待完善。制度是人类活动环境的重要构成部分。在某种意义上，环境是通过制度而整合起来并对组织产生影响的。国外学者的研究表明："教师和校长关于教育过程、劳动分工、教育政策、学生行为等的观念，很少受到他们工作于其中的具体学校的影响，更多是受制度的影响与决定。"当前，与我国高等教育行政管理体制改革政策的落实相匹配的制度环境亟待建设。而高等教育行政管理制度的优劣，决定着我国高等教育行政管理体制改革能否深入进行。为此，笔者认为，建立一整套使高等教育行政管理体制改革政策得以落实的机制至关重要。

二、相对阻力与绝对阻力

从人们的利益角度而言，高等教育行政管理体制深化改革的阻力可以划分为相对阻力和绝对阻力。

所谓相对阻力,是指社会上一部分人、一部分利益集团,在深化改革的过程中会受到物质或精神上的利益损失,他们为了维护自身的既得利益而抵制或反对改革所构成的阻力。

所谓绝对阻力,是指社会上每一个人都可能遭受一定的损失,从而都具有抵制教育改革的动机,其中的重要原因则是出于对教育改革会引起麻烦的考虑。

由此可以得出这样的结论,改革就是利益重新分配的过程。人们对改革持冷漠甚至抵触情绪,都是出于切身利益的考虑。正如美国学者的研究所表明的:"人们反对教育改革,完全可能不是出于某种意识形态的考虑,而是出于实际利益需要。"

因此,教育改革方案作为一种即将实施的公共政策,必须在设计指定之初就充分考虑利益调整与冲突带来的可接受性问题,以及方案实施所需的条件是否具有充分的可行性。可接受性与可行性是赋予改革方案以生命力的关键所在。

三、消极阻力与积极阻力

从阻力性质而言,高等教育行政管理体制深化改革的阻力可以划分为消极阻力和积极阻力。

所谓消极阻力,是指人们对改革的抵触情绪是在不考虑改革的进步与落后、益处与危害的条件下发生的,它源于传统观念的束缚与保守惯性的影响。

所谓积极阻力,是指人们针对改革过程中出现的问题而表现出的不满情绪或反对意见,这种阻力对改革能否朝着良性方向发展至关重要。

具体而言,教育改革的阻力是不可避免的。尽管改革的阻力表面上看常常表现为消极的和保守的,然而,它却具有积极意义和价值。任何一场教育改革都必须认真理解阻力问题,并分析其性质而加以区别对待,从而有效解决改革中的问题,实现改革的目标。因此,对改革阻力应该始终保持一种积极态度。并且,身为教育改革者,还应该正视反对意见以及反对者的利益,以便使改革方案更趋近于预期结果。

第五章 高等教育管理体制深化改革的方向

我国的高等教育行政管理体制改革能否走向深入,关键在于其方向的确立,而目标的确立又取决于人们对这场改革所持的价值取向。因此,探讨高等教育行政管理体制深化改革的政策价值选择就尤为重要。

公共管理是建立在一定价值观上的应用科学。高等教育行政管理作为公共管理的重要组成部分,也必须具有自己的价值选择,进一步讲,高等教育行政管理体制深化改革,必然关涉价值选择问题。国外的社会学家认为,对社会事物的认识都不可避免地要从价值维度加以考虑。所谓价值维度,是指主体对客体进行价值判断的角度,也就是说,是主体需要与客体的存在、发展和变化相接近的程度。它包括主体的价值选择与主体行为方向的一致,以及主体需要与客体发展变化状况的适合程度。

第一节 高等教育管理体制深化改革的政策价值选择

政府是高等教育行政管理体制深化改革的主体,改革最重要的是出台一系列政策,而这些政策的价值选择就显得尤为重要。改革的价值选择在一定程度上也体现在这些政策的价值选择上。

教育政策隶属于公共政策,是公共政策的重要内容。国外学者认为:"凡是政府决定做或不做的事情就是公共政策。"我国学者认为,"公共政策是一个国家或社会政策整体的最主要的组成部分,它特指由政府及其官员和机构所制定的政策,也就是官方主体所制定的政策。公共政策的基本目的是利用国家公共权力来解决社会的公共问题。"教育政策与其他公共政策一样,都关涉价值问题。这是因为任何一种公共政策的出台,都取决于人们对某一公共事务的价值判断和事实判断,教育政策也不例外。正如赫伯特·西蒙所言,决策的做出有两个前提,一是价值前提,二是事实前提。通俗讲,前者是喜不喜欢、值不值得的问题,而后者则是关于客观条件允不允许的问题,二者缺一不可。因而,教育政策的出台也必然有价值涉入。并且,有什么样的价值观就有什么样的公共政策方向、途径和对策。

李德顺在其著作《价值论》中完整而系统地论述了价值及价值观的问题。该书为公共政策的价值研究提供了哲学基础。李德顺认为"价值"这个概念所肯定的内容,是指客体的存在、作用及它们的变化对于一定主体需要及其发展的某种适合、接近或一致。高等教育行政管理体制深化改革政策的价值在于宏观规划深化改革的方向,旨在提高高等教育行政效率以及使高等教育按规律发展。关于价值观的概念,学者们给出了许多定义,归纳起来,就是"价值观是对事物具有的各种价值的总的看法和认识,是人们通过价值判断和选择确立起来的关于价值取向的基本理解"。对于公共政策价值观,国内外研究公共政策的学者们给出了不同的定义,其中较有代表性的观点是:"公共政策主体对公共政策价值物、公共政策价值关系、公共政策价值创造活动及其结果的反映,以及由此形成的较为稳定的心理取向、评判标准和行为定式"。简而言之,公共政策价值观是公共政策主体的价值取向模式,这些价值取向决定着社会资源如何进行提取和分配。公共政策本质是对全社会的价值做有权威的分配,一切公共政策都是为了寻求价值、确认价值、创造价值、分配价值。因此,在任何一项公共政策出台前后,政策主体的价值倾向就已经蕴涵于政策制定、执行、评价和监督过程的各个环节之中了。公共政策价值观的作用与功能是不可低估的,它具有导向作用、动力作用、整合作用及评价作用,构成了公共决策的一个基础,并影响、制约政策主体和客体的活动。它渗透到政策过程的各个环节,通过政策主体的实践活动,转化为现实的政策力量。如果我们把政策看作一个动态过程,它将包括制定、执行、评估、监控、终结诸环节。公共政策在每个环节都可能遇到价值冲突,且这种价值冲突突出表现为政策参与者,即政策制定者、政策执行者与政策接受者之间的利益冲突。

明确了价值、价值观及公共政策价值观的内涵后,我们再来研究我国高等教育行政管理体制深化改革的价值选择问题。笔者认为,研究我国高等教育行政管理体制深化改革问题,必然要研究深化改革的基本政策。研究深化改革政策,则必然要首先研究现行政策体现和渗透的价值取向。高等教育行政管理体制深化改革政策的价值取向可能是正确的,也可能是错误的。如果政策价值取向不正确,也就是说价值判断和事实判断不科学、不充分,就需要进一步深化改革。据此,笔者认为,我国高等教育行政管理体制深化改革政策的出台,应该从以下几个方面进行价值选择。

一、效率优先、效益优化、效果优良

关于政策科学的研究表明,公共政策的有效性是指政策活动效率高、效益大、效果好。而效率(efficiency)、效益(benefit)、效果(effectiveness)各自的内涵是不同的。所谓"效率",《辞海》给出的定义是:"消耗的劳动量与所获得的劳动效果的比率"。"效果"强调的则是对活动结果或活动成果的考察,而并不考虑为获得成果所付出的代价。这说明效率更关注获得的效果、所付出的代价及其与效果的比例关系。所谓"效益"则是指社会活动所消耗的劳动量与所取得的符合社会需要的劳动成果之间的比。它包含两层含义:一是投入与产出的对比关系;二是产出必须符合社会需要。因而,效益更具有"有益性"之意。实现我国高等教育行政管理体制深化改革政策的有效性,不仅要追求效率优先,更要追求效益优化及效果优良。这是由高等教育这一公共管理对象的特点决定的。当我们为了追求高等教育行政效率而将中央政府的权力下放给地方和高校以后,并不一定能确保效益最大化,也不一定会收到良好的政策效果。比如,以省为主下放后的大学,面临着教育资源的相对过剩与相对不足的问题等。总之,只有实现了高等教育行政管理体制深化改革的效率、效益和效果的统一,才能真正实现高等教育的最佳效能。

二、合目的性与合规律性相统一

所谓合目的性就是一种价值判断,所谓合规律性就是一种事实判断。前者是"应然"判断,后者是"实然"判断。赫伯特·西蒙认为,"就决策导向最终目标的选取而言,我们把决策称为'价值判断';就决策包含最终目标的实现而言,我们把它称为'事实判断'。"欲优化我国高等教育行政管理体制,就必须将合目的性与合规律性加以统一,也就是满足人们的主观需要与符合客观事物发展规律的统一。教育政策经常会表现为,合目的性未必合规律性,合规律性未必达到人们的目的,也就是说,价值和事实经常是矛盾的。比如,大学下放合乎地方自主办学的目的,但是,却未能合乎市场竞争以及高等教育资源有效配置的规律。"政府宏观调控,地方自主办学"政策直指高等教育行政效率,而事实上地方自主办学与提高高等教育行政效率、优化效益却成了悖论。"转变政府职能,扩大高校办学自主权",前者是原因,后者是欲达到的结果。扩大高校自主权的前提是通过赋予高校法人地位来具体体现的。而事实上,独立法人地位是扩大高校自主权的充分条件,而非必要条件。因为法人的民事权利与学校办学自主权的国家行政权力二者之间没有必然联系。因而,通过赋予法人地位扩大学校办学自主权是个假命题。笔者认为,必须通过市场机制及市场规律来约束政府的权力,通过制定法律规约和限制政府对高等教育的权力,避免政府这只"看得见的手"权力过大,从而实现学校自主权的扩大。根据赫伯特·西蒙对决策的认识,一个政府的决策过程要做到价值要素与事实要素相契合,一是要考虑价值判断与价值选择是否建立在正确的事实认识基础上,由此来建构教育政策的价值目标及其体系。二是要考虑选择的政策方案与政策目标是否相适应,即政策方案是否可行的问题。我国的高等教育行政管理体制深化改革,也应该从价值目标和可行性着眼,既要符合决策者的主观目的,又要符合我国高等教育的事实情况。

三、教育平等与教育正义兼顾

严格地讲,教育平等与教育正义是两个不同的概念。高等教育在追求有效性的同时,还必须兼顾教育平等、教育正义。我国高等教育在从精英教育向大众教育迈进的过程中,也呈现出了许多教育正义问题及教育平等问题。所谓教育正义,笔者认为,就是将那些不同的人教育得不同,而非将本来不同的人教育得相同。也就是说,大众化高等教育也应在一定程度上注重精英教育,使受教育的人能够接受适合自我发展的个性化教育。所谓教育平等,是考虑到人的尊严及需要,为人们提供平等的教育。高等教育行政管理体制深化改革过程中,要看到地区间高等教育资源不平衡的事实,尽可能清除因高等教育资源不平衡造成的受教育机会的不均等。笔者认为,随着中国社会的进步,教育平等日益受到重视,教育不平等问题会逐步得到解决。同时,追求高等教育有效性将更加关注高等教育对个体发展的效益问题,这就要求还权于大学。

四、本土化与民族化凸显

公共政策的个性特征是公共政策有效性的前提。也就是说,一项公共政策总是受到民族传统、文化背景、政治、经济状况的影响与制约。离开民族性的公共政策就是无源之水、无本之木。因而,我国的高等教育行政管理体制深化改革政策,也必须考虑中国国情和各地方的实际情况,不可随意套用国外的政策及改革经验,否则,就会犯拿来主义的错误,政策的有效性就会受到影响。

第五章 高等教育管理体制深化改革的方向

总之,我国高等教育行政管理体制深化改革,在政策价值选择上应该慎重,且应呈现出多元价值倾向,这个价值体系必须符合中国国情。

第二节 高等教育管理体制深化改革的方向设定

所谓改革的方向,就是改革的主体希望通过改革所取得的结果或完成的任务。改革的方向是确定和实施改革方案、推行改革进程的前提和基础。如果没有改革方向,政策方案就无法确定,政策执行也会陷入困境。任何一场社会变革都是利益重新分配的过程,高等教育行政管理体制的社会改革也必然关涉利益再分配的问题。并且,改革的方向一旦确定,利益的重组就成为必然。因而,作为出发点和归宿的改革方向是改革成败的关键之所在。笔者认为,只有将我国高等教育行政管理体制深化改革的方向建立在对高等教育行政管理体制深化改革的事实判断和价值判断基础上,才能使这一改革进一步深化,且富有针对性和实效性。

一、高等教育行政管理体制深化改革方向设定的现实依据

在确立我国高等教育行政管理体制深化改革的方向之前,有必要明确市场体制下政府与大学关系的新变化,从而为高等教育行政管理体制深化改革的事实判断提供背景依据。

(一)市场体制下政府和高等教育的新型关系

根据现代经济学的解释,所谓市场经济,是指以商品生产和商品交换为经济活动主体的经济形式。市场是商品交换关系的总和,市场代表着一种商品交换关系。市场经济有三个要点:自主经营、自负盈亏的商品生产者和经营者是市场的主体;社会再生产的全过程,即生产、交换、分配、消费都与市场有密切的联系,企业之间、生产者与消费者之间的联系是通过商品货币关系进行的;市场机制调节资源配置和整个社会经济。市场机制的作用并不是凭空发生的,它必须遵循客观规律,运用客观规律。

所谓市场机制,就是经济内在规律的具体表现,是商品经济运行的客观规律,即价值规律、供求规律、竞争规律等综合作用的结果。价格、竞争、供求和赢利是市场机制的四个主要构成因素。价格是市场经济的核心,是传递经济信息、反映市场变化的信

号,也是资源配置的重要手段。在市场经济条件下,社会资源的最优配置是通过理想的市场价格的运行而取得的。竞争规律同价值规律一样,都是商品经济运行的普遍规律。商品的生产量和需要量要适度,最根本的是通过市场竞争来实现。价格是否能实现,也要通过市场竞争来检验。商品的供求关系通过市场竞争反映出来,并对市场价格的高低有着重要的影响。市场行为往往以企业的赢利为转移。

1993年3月,八届全国人大一次会议第一次把建立社会主义市场经济体制写进了《中华人民共和国宪法》,使中国的市场经济体制得以初步建立。这是我国历史上一次空前的经济体制变迁,它在对社会各个领域产生重大影响的同时,也对高等教育产生了深远影响。

随着我国经济体制由计划经济向市场经济的转型,政府职能发生转变。社会政治、经济、文化诸领域都发生了改变,高等教育也不例外,市场经济体制下政府与高等教育形成了新型关系。一般来说政府与高等教育的关系从极端的控制到完全放任自流不等。在旧的经济体制下,政府完全控制高等教育,高等教育属于政府所有,政府提供高等教育资金,管理高等院校,任命校长,规定学位要求和课程。人们通常认为,既然政府投资教育,它就有权管理教育。但在市场经济体制下,我国高等教育事业的发展出现了前所未有的新局面,一种高等教育管理和办学的新态势正在出现,从而带来高等教育领域内社会关系的变化和改组。这种变化表现在政府与高等学校关系的调整上,其基本问题是如何形成这样一种管理关系,它既利于政府进行统筹管理,又利于调动各种社会力量参与办学的积极性,同时还能使学校拥有较大的办学自主权。这意味着政府必须转变职能,在加强宏观调控的前提下向高等学校放权,使高等学校逐步成为具有自主办学权的实体。这势必会使政府和高等学校的主体地位及权责都发生很大的变化。

1. 政府与高等教育的法律关系

在传统体制下,政府与高等教育之间的法律关系,主要体现为内部行政性委托代理关系。首先,在内部行政性委托代理关系中,政府是行政主体,作为委托方以行政命令、行政授权等方式,将某些事务交由行政相对方的高校完成。从宪法的授权来看,政府对高等教育享有"领导和管理"的权力,没有任何法律授予高等学校权利。宪法的这种规定实际上暗示了政府对于高等教育有绝对的掌控权,宏观上拥有高校的管理权和国有资产的拥有和使用权,微观上享有对高校事务的控制权。其次,在内部行政性委托代理关系中,高校成为政府的附属机构。高校是政府为了达到一定目标而设立的,其运行和发展是由政府制定规章来规范的。作为政府的附属机构,高校只是完成政府下达的各项教学任务,不具备更多的权利,没有法人资格,不能独立起诉和应诉。最后,在内部行政性委托代理关系中,政府承担巨大的委托代理责任和风险。政府和高等教育的委托代理关系涉及很多机构,在委托代理进行的过程中,由于存在着信息不对称,会出现代理方和委托方的利益目标不一致的现象,导致诸如腐败等问题,因此,政府承担着巨大的责任与风险。

在传统经济体制下,政府与高等教育的内部行政性委托代理关系已经暴露了其弊端。多元化、多层次的委托代理关系,加大了委托代理的监督难度及费用成本,多层次的委托代理关系使得政府很难获取高校的信息,即便能够获得信息其成本也非常高,而且也容易失真。由于信息不对称,政府没有能力监督知识生产,也没有能力评估知识生产的内容与质量。同时,在内部行政性委托代理关系中,高等教育处于完全被动的状态,没有充分发挥自身的主动性,从而制约了高校的自主发展,使高等教育发展在质量与数量方面都不能充分满足社会发展的要求。

随着市场经济制度的建立,高校自主性要求日益增强,对传统的政府与高校之间的法律关系进行改革成为必然。在重新界定政府和高校各自的权力之后,政府与高等教育之间应该形成外部行政性委托代理的新型法律关系。外部行政性委托代理关系是指,行政主体将其职权的一部分依法委托给其他组织或个人来行使。外部行政委托并不是必然的,只是在需要的时候才会发生。如可将某一项科研课题委托给某高校。高校作为独立的法人,享有《中华人民共和国宪法》《中华人民共和国教育法》和《中华人民共和国高等教育法》授予的不同界限内的教育权。外部行政性委托代理的具体操作可以采取行政委托合同的方式来实施。行政合同以契约的方式将国家所要达到的行政管理目标固定化、法律化,并在合同中规范双方当事人的权利和义务。

2. 政府与高等教育的经济关系

政府与高等教育的经济关系,是政府和高等教育基于各自不同的利益,通过对双方拥有的不同资源进行选择、配置和利用,从而实现教育与社会资源交换。高等教育投资体制体现着政府与高等教育的经济关系。

在计划经济体制下,政府对高等教育的发展"统包统揽",政府成为高等教育投资的唯一主体。但随着科学技术的迅猛发展和市场经济体制的逐步建立,高等教育快速发展,社会对人才的需求量不断增加。一元化的高等教育投资体制限制了社会各界对教育投资的积极性,一方面是政府不堪重负,另一方面由于受国家财力的限制,多数高等学校办学经费不足,甚至严重困难,高等学校的办学失去了活力。实践证明,发展我国高等教育仅凭国家财政拨款是不行的,因为在相当长的时间内,国家财政对高等教育的投入不可能有大幅度的增长,而且由于物价上涨等因素的影响,经费紧张的矛盾将更加突出。因此,在市场经济体制下,高等教育投资主体必须改变以往的政府投资一元化的局面,形成投资主体多元化,即以政府投资为主,建立包括政府、企业、社会团体、社会公众个人等的多元化的投资主体结构。同时,还应积极引导高校进行自主筹资,营造宽松的办学环境。

第一,政府对高等教育投资的主体地位仍需加强。在市场经济体制下,政府不仅不能减少对高等教育的投资,而且应当保证随着国民经济的发展和国民收入水平的提高,逐步增加对高等教育的投入。随着高等教育投资主体的多元化,政府在高等教育总投入中所占的比例可能会逐步减少,但高等教育的经费应以政府财政拨款为主。第二,企业应成为高等教育投资的主体之一。企业之间的竞争实际上就是企业产品的竞争,而企业产品的竞争实质上是企业技术力量的竞争,这将最终体现在企业人才素质的竞争上。因此,企业为了自身的生存和发展,将更加重视人才的选择,不断加强企业职员的多形式、多层次的继续教育和岗位培训。企业在向高校投资的前提下获得高校的人才、技术与培训,高校则获得发展的资金和教学、科研的试验基地,双方互惠互利。第三,求学者成为高等教育的投资主体之一。这实际上表现为学生向高校缴纳学费。学生所缴纳的学费只是对其接受高等教育的成本的部分补偿。学费的多少要能够反映求学者与高等学校之间的供求关系,并使之成为调节该供求关系的一个有力杠杆。因此,学费的标准不宜整齐划一。第四,高校自身成为高等教育投资的主体之一。随着高等教育行政管理体制改革的不断深入、高等教育行政部门职能的转变,高校的自主权不断扩大,成为真正的独立自主的办学实体,高校自身也将有能力使自己成为高等教育的投资主体之一。高校的经济实力来源于:向社会提供咨询服务;向社会提供技术转让;与企业、科技界合作开发新产品;为社会各界进行人员培训等。第五,充分利用社会捐赠。目前,我国已有一些华侨投资创办或与我国政府合办的高等学校,如汕头大学、宁波大学等。这些华侨或我国大陆的实业家将成为我国高等教育的投资主体之一。我国的高等学校要多方面争取社会各界、国内外财团或个人的多种资助和捐赠,比如多争取国内外财团或个人设立奖教金、助学金等高等教育基金。

第五章 高等教育管理体制深化改革的方向

3.政府与高等教育的行政关系

在以往的计划经济体制下,我国高校的自身管理主要是进行校内教育资源的配置及优化,在当时的历史条件下,这是高等教育的封闭性在管理工作上的最显著表现。其最大弊端就在于无法实现全社会教育资源的优化配置和有效利用,不仅严重影响和限制了高校办学效益的提高,而且也造成了社会教育资源的浪费。现在政府积极推进的高等教育行政管理体制改革,正在改变这种情况。改善这种关系的具体做法如下。

首先,转换政府职能,改变政府在高等教育行政管理体制中的作用。政事分开,明确高等教育行政的职权范围和高等学校的自主权范围。要建立政府主管政务,学校自理校务,政府宏观控制,学校自主办学的新型政校关系。目前,职能转换应着力做好四个方面的工作。一是逐渐淡化政府对高等学校办学过程中内部事务的直接干预,进一步调整管理的范围和内容,由过程管理转化为目标管理。二是加快更新和完善管理的手段与方法,当前应突出强调广泛运用立法、拨款、科学指导和信息服务等手段及方法去管理高等教育。三是重视建立和健全高等教育行政的辅助机构或组织,主要是有关的咨询、审议和评估机构,这既是高等教育行政职能转换到一定程度时的必然结果,也是高等教育行政进一步转换职能的必要条件。四是大力培养一支高水平的高等教育行政公务员队伍,实现高等教育行政从业人员的专业化。

其次,加强国家对高等教育事业的统一领导,强调政府对高等教育事业的宏观管理作用。一是继续加强和完善国家高等教育立法,加大教育执法力度,加强教育法制机构和队伍建设,完善高等教育行政执法监督机制。二是加强并突出国家对高等教育事业的宏观规划职能。重视教育规划工作是世界各国发展高等教育事业和进行高等教育行政管理体制改革的共同特征。三是利用教育投资的方向性对高等教育的发展进行调控。四是进一步建立、健全教育督导机构,完善高等教育督导制度。

最后,在统一领导、宏观管理的前提下,简政放权,调动地方政府对高等教育的积极性,增大高等学校自身的自主权和积极性,由高等院校对自身管理进行调整。一是调动各级政府办学的积极性,对地方实行放权,实行中央、省(自治区、直辖市)、中心城市三级办学的体制,进一步改变原来的条块分割、学校隶属关系单一的状况,建立中央和省级人民政府两级管理、分工负责,以省级人民政府统筹管理为主、条块有机结合的新体制。二是采取切实有效的措施,抓紧落实高等学校面向社会自主办学的法人地位。改变政府对高等学校统得过多的行政体制,在国家统一的教育方针和计划的指导下,扩大高等学校的办学自主权,加强高等学校同生产、科研和社会其他各方面的联系,使高等学校具有主动适应经济和社会发展需要的积极性和能力。三是高等学校自身管理的调整与变革。高校功能和结构形式要发生相应的变化,要对社会更加开放,在管理制度上更加灵活,以适应个人需求的多样性;要注意为学生的终身学习与创业打好基础;终身教育要重视内容、形式多样化的社会教育;要适应各种岗位对劳动者素质要求提高的趋势,强化高中后教育培训,努力发展高等职业技术教育,制定各种政策措施引导高校毕业生流向农村就业等。

(二)市场经济体制下政府对高等教育实施行政管理的角色定位

1. 政府是高等教育政策法规的制定者

新公共管理理论主张,政府在公共行政管理中应该是政策的制定者而不是执行者,政府在高等教育事业中也应该是掌舵者而非划桨者。掌舵者应该看到一切问题和可能性的全貌,并且能对资源的竞争性需求加以平衡。划桨者聚精会神于一项使命,并且努力把这件事做好,而掌舵型组织机构需要发现实现目标的最佳途径。因此,新公共管理理论认为,有效的政府是一个实干的政府,是一个能够治理并善于治理的政府。政府在对高等教育进行管理时要善于用政策引导高等教育的发展方向,用法规规范高等学校的行为。"一个政府的合法性越高,它的统治成本就越低。"

政府管理高等学校的目的是:进一步增强高校主动适应社会需要的能力,促进高校"自我发展、自我约束"机制的初步形成,使办学效益得到进一步提高。目前我国的高等教育行政管理体制要深化改革,必须创新相关政策。首先要更新政策指导思想。政府制定教育政策应突破计划经济的政策思维定式,由过去的立足于管制学校,转向立足于放权、扩大高等学校办学自主权,由立足于事实审批,转向立足于宏观调控与监督,确立"着眼于宏观,立足于服务,放权于学校"的新的政策指导思想。其次,要及时调整相关政策法规。按照政策学的观点,要根据变化了的客观情况——包括政策对象、政策环境等,对实施过程中的政策做出某些必要的补充或删减、修订或修改、调整或更新,使其更加完善和科学,对已经完成目标的、过时的、错误的、失效的、多余的政策要及时终止,以减少其可能产生的不良后果。

2. 政府是高等教育的协调者

在市场经济竞争机制中,政府是作为一个特殊的经济行为主体参与经济活动的。公共权力随着公共管理的社会化而社会化,并呈现中心边缘化的趋向。新公共管理视域下的政府与市场的关系,主要体现在权力中心主义转化为服务中心主义,效率中心主义转化为成本中心主义,个体利益中心主义转化为公共利益中心主义。在确立社会本位的基础上,政府应有所为有所不为,通过市场经济这只"看不见的手"来实现整个社会的"自生自发秩序",政府行政从原来的强制性驱动对象,转变为引导服务对象,朝自我目标与政府目标和谐统一的方向前进。

与社会主义计划经济体制向市场经济体制转变相适应,我国高等教育政府管理模式也要由政府控制模式向政府协调模式转变。为实现此转变,有必要实现从"大政府、小社会"到"小政府、大社会",从模糊的政府角色定位到清晰的政府角色定位,从直接行政控制为主到间接宏观调控为主,从中央集权到中央集权与地方分权相结合,从规制性调控到保障性调控,从单向性调节到多维性调节等一系列根本转变。"政府管理角色的转变,并不意味着政府的作用降低了,反而其变得更加重要和有效。如可以提供基金,认可新建立的学校,公布学校的有关信息,为学生提供必要的交通设施,督促学校遵守法律和为学生设计考试,监督、管理学校对资金的使用,协调学校、社会、市场之间的关系,注重对学校绩效的评估,为学校竞争提供公平的制度环境等。"

3.政府是高等教育的投资者

高等教育的准公共物品性质致使政府不能完全地将高等教育事业搁置于市场运作机制之中,政府还要在经济和财政上给予高等教育适当的支持和帮助。在高校经费普遍短缺,进而通过不断增加学费等方式来谋求发展的时候,无论是从作为高等教育的主要受益者而言,还是从维护高等教育财政公平而言,政府都绝不应该推卸自身所具有的高等教育投入的责任。因为对于一个国家而言,高等教育是一种"社会服务",国家对于高等教育具有一种"社会责任",教育应是政府为人们提供的一项公共服务。高等教育培养着国家所需的高级专门人才,它不仅关乎国家的劳动能力,还关乎国家的科技能力。在经济全球化的进程中,高等教育将以特有的方式发挥社会服务功能,促进国民经济的发展,并成为国家实现现代化和实践民主政治理想的工具。所以,国家是高等教育的主要受益者之一,高等教育仍将以政府投资为主。即使是遵循市场经济"谁受益,谁付费"的原则,政府作为高等教育的主要和重要受益者,也应在其受益范围内支付高等教育费用。所以,政府永远是高等教育的主要投资者,而且无论高等教育如何采取多种渠道筹措经费,政府也不可以减少自己作为主要投资者的义务和责任。高校自主权的扩大,并不应该成为迫使高校实行"经济自理"的手段,国家和社会应看到,对高等教育的投入意味着加强经济竞争力、发展文化和提高社会凝聚力的长期投资。

因此,应加大政府投入,拓宽投资渠道,建立符合社会主义市场经济体制的高等教育财政管理体制、高校经费管理或投资的法律保障机制,采用绩效拨款方式,对高等教育进行投入。同时,拓宽国家对大学生的直接资助政策,保证所有合格的学生都不会因为无力支付学费而不能上大学。

4. 政府是高等教育的经济审计者

随着高等教育与市场经济的联系日益紧密,高等教育经济活动逐渐变得复杂化。高等教育经济活动总量的不断扩大和教育资金来源的多元化,都迫切需要对高等教育的经济活动进行审计。在过去的计划经济体制下,政府一直承担着高等教育的财政监督责任。新时期,在这种政府执行部门与高等教育财政制度的交互作用中,日益显现出政府高等教育财政监督的重要性。又因为政府对高校具有经济责任,且拥有专门的和专业的审计机关,以及审计事业的日益发展和完善,政府责无旁贷地成为高等教育的经济审计者。

政府在对高等教育进行审计时,其基本职能应是监督和评价,主要作用是监督、评价、参谋、预防、控制、鉴证及咨询,其目的是促进部门与单位经济管理的改进和经济目标的实现。政府在进行高等教育审计时首先要解放思想,改变观念,找准定位,并处理好监督和评价与增值、服务的关系,坚持审计的独立性,注意改善审计环境与风险防范。其次要完善政府对高等教育的审计制度,要提高系统性、科学性、可操作性和效能性。

二、高等教育行政管理体制深化改革的具体目标

鉴于对高等教育行政管理体制深化改革的价值判断与事实判断的考虑,笔者尝试提出我国高等教育行政管理体制深化改革的三大目标。

目标之一,针对高等教育行政管理体制改革过程中主要立足于中央政府与地方政府对高等教育权力的分配与转移,而未从根本上解决地方分权后的办学效率问题,提出深化改革应该建立市场竞争机制,提高对高等教育资源的利用效率,形成地方之间良性互动的高等教育行政管理机制,从而扭转高等教育资源相对过剩与相对不足的局面。为此,中央政府需要加强宏观调控与协调。

第五章 高等教育管理体制深化改革的方向

目标之二,鉴于高等教育行政管理体制改革过程中未能妥善处理政府与大学的关系,而更多关注不同政府部门间高等教育权力分配关系的现实,提出深化改革应该以解决政府与大学关系的合理性和合法性为立足点,从政府职能的切实转变入手,通过建立与市场经济相匹配、与公共管理特性相适应的高等教育行政管理体制,保障该目标的顺利实现。

目标之三,从高等教育行政管理体制深化改革的政策价值取向出发,提出深化改革应该明确将效率与公平相统一或效率优先、兼顾公平作为重要目标,并通过立法、审计、激励与协调机制的综合运用来实现该目标。

既然效率和公平都是改革的重要目标,就必须调整两者之间的关系,把效率与公平很好地统一起来。笔者认为,追求两者的统一就是捍卫和实现社会公正。社会公正是社会成员所认同的有关社会分配的世俗评判标准,它是通过民主讨论和相互妥协的对话机制达成的,而不是由政治权威单方面决定的。社会公正接受一个统一原则的指导,该原则就是体现社会中最大多数人的根本利益。社会公正是对公共政策的原则性约束,而不是对个人行为的原则性约束。比如,社会公正要求对社会中境遇最差的成员的利益给予额外补偿,这是制定公共政策应当遵守的基本原则,但它并不要求每个人在行事时都以其为指导。每个人在行事时必须遵守的基本原则,包括理性的法律和内心世界的道德法则。

我国高等教育行政管理体制深化改革的最终目的,是为社会提供尽可能多的高等教育资源,同时又兼顾教育公平,使高等教育资源能够让最大多数人享用。因此,实现效率与公平的统一,是我国高等教育行政管理体制改革的最高诉求。要深化改革,应该首先明确以上改革目标,并在改革过程中始终贯彻这些目标,从而指导改革有效地进行。

第六章 民办高校管理体制改革的实证调研与成效

为全面客观地了解高校管理体制改革的现状、成效及存在的问题,2018年3月至10月,笔者先后到西北农林科技大学、福建农林大学、山西农业大学、新疆农业大学等农林院校,就高校管理体制改革的相关问题进行深入调研,了解了农林院校管理体制改革的共性特征和一般性规律。同时,笔者还先后走访了郑州大学、河南大学、河南科技大学、河南理工大学、河南工业大学等河南省内的高校,针对河南高等教育共有的政策背景及现状特征,深入了解了河南省高校管理体制改革的基本情况。

第一节 民办高校管理体制改革的实证调研

2018年11月,在深入调研的基础上,笔者结合河南农业大学管理体制改革的实际情况,设计了高校管理体制改革调查问卷,面向学校教职工进行问卷调查,共发放调查问卷500份,收回496份,其中有效问卷494份,并运用规范分析、比较分析、定性和定量结合等研究方法,对学校各项管理体制改革的基本情况进行分析。

从调查问卷的设计上看,紧紧围绕学校各项管理体制改革,共分为干部管理体制改革、人事分配体制改革、校院两级管理体制改革、教育教学改革及后勤社会化改革5个部分,59项调查问题,内容涉及对改革的满意度、改革的成效、改革中存在的问题,对进一步深化改革的建议等方面。

从调查样本的选择上看,按照样本选择的全面性、普遍性和多样性的原则,在调查单位上,重点选择了党委办公室、组织部、宣传部、人事处、教务处、科技处、学生处、财务处、总务处、基建处等职能部门,农学院、林学园艺学院等16个学院,图书馆、后勤发展总公司、实业发展公司等教辅单位。在调查人员上,从年龄、性别、职称职务、文化程度及岗位类别等方面综合考虑,重点选择了中层领导干部、教师、政工干部及工勤人员。从职务及职称构成来看,被调查人员中正高级职称占13%、副高级职称占15%、中级职称占37%、初级职称占35%;从文化程度构成来看,被调查人员中博士占6%、硕士占37%、本科占51%、大专占6%;从岗位类别构成看,管理岗位占41%、教学岗位占27%、科研岗位占13%、后勤及教辅岗位占19%(如图6-1至6-3所示)。

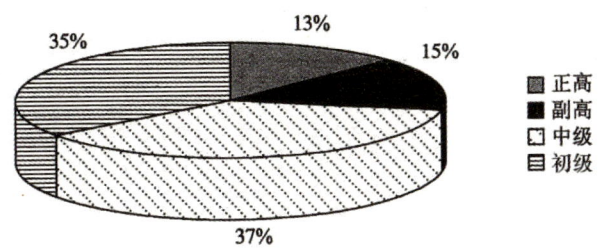

图6-1 被调查人员职称比例示意图

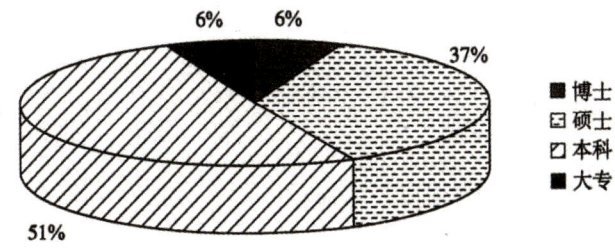

图6-2 被调查人员文化程度比例示意图

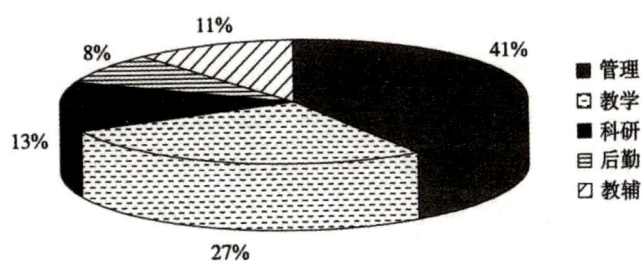

图6-3 被调查人员工作岗位类别比例示意图

据调查的结果显示,被调查人员对学校管理体制改革的总体满意程度比较高,非常满意和基本满意的比重占到90%以上,其中,对干部管理体制改革非常满意和基本满意的占92.41%,对人事分配体制改革非常满意和基本满意的占91.57%,对校院两级管理体制改革非常满意和基本满意的占95.24%,对教育教学改革非常满意和基本满意的占94.87%,对后勤社会化改革非常满意和基本满意的占94.32%(表6-1)。

表6-1 对学校管理体制改革整体满意度调查情况表

问题	满意程度		
	非常满意	基本满意	不太满意
您对学校干部管理体制改革的满意程度	55.71%	36.70%	7.59%
您对学校人事分配体制改革的满意程度	64.29%	27.28%	8.43%
您对学校校院两级管理体制改革的满意程度	65.72%	29.52%	4.76%
您对学校教育教学改革的满意程度	57.43%	37.44%	5.13%
您对学校后勤社会化改革的满意程度	62.86%	31.46%	5.68%

第二节 民办高校管理体制改革取得的成效

一、教育思想观念得到进一步更新

观念是改革的先导,观念的更新也是改革最重要的成果。教育思想观念是高校为实现其办学目标,根据教育规律和自身实际而确立的办学思想和教育观念。从宏观上讲,它体现大学的使命、宗旨、价值观,是大学发展观概括性的表述。从微观上讲,它对大学具体的目标、任务、体制、传统及校园文化都具有重要作用。因此,高校管理体制改革所取得最基础的成效就是教育思想观念的更新与变革。

教育思想观念更新的表现主要有以下几个方面。

一是科学的发展观。发展是硬道理,是高校各项事业的第一要务,也是高校管理体制改革的出发点和落脚点。高校深化管理体制改革,更新教育思想观念,就要深入贯彻落实科学发展观,把科学发展观贯穿到更新教育思想观念的全过程,贯穿到深化管理体制改革的全过程。坚持科学发展观,就是贯彻"巩固、深化、提高、发展"的方针,正确处理规模、质量、结构、效益的关系,促进教育事业全面、协调、可持续发展。指导

第六章 民办高校管理体制改革的实证调研与成效

思想上,把工作重心从发展规模转移到提高质量上来;工作思路上,稳定发展规模,重在结构调整,注重内涵发展,凸显办学特色;具体工作上,在加快硬件建设的同时,更加重视制度建设、机制创新、校园文化建设和育人环境优化等软件建设。要紧紧抓住发展这个主题,利用一切可以利用的条件,调动一切可以调动的因素,团结一切可以团结的力量,进一步转变发展观念,创新发展模式,提高发展质量,用发展凝聚人心,用发展破解难题,用发展检验工作,使广大教职工的根本利益在发展中得以实现。

二是全面的人才观。高校作为人才培养的主要基地,肩负着培养造就数以亿计的高素质劳动者、数以千万计的专门人才和一大批拔尖创新人才的历史使命。人才问题始终是高校改革与发展的核心问题和头等大事,是高校一切事情的基础、前提、关键和保证。坚持全面人才观,就是牢固树立人才资源是第一资源的观念,始终把人才资源开发作为学校改革发展的首要任务,大力实施"人才强校"战略,紧紧抓住引进、培养和使用等关键环节,不断深化人才工作体制改革,创新人才工作机制,优化人才资源配置,进一步提升学校的综合竞争力。学校立足于学生知识、能力、素质的全面提升,强化创新精神和实践能力的培养,使学生得到全面发展。育人理念上,坚持"育人为本,德育为先",既注重传授知识,又注重能力的培养,更注重品德的养成。育人实践上,强化全员育人、全程育人、全面育人,努力营造健康的育人环境,实现教书育人、管理育人、服务育人。

三是正确的质量观。质量是高等教育现代化的核心,是学校生存和发展的生命线,是学校各项工作中永恒的主题。高等教育的质量是一个多层面的概念,应包括高等教育的所有功能和活动:各种教学与学术计划、研究与学术成就、教学人员、学生、校舍、设施、设备、社区服务和学术环境等。教育质量的好坏越来越成为影响和制约高校发展速度、办学效益的瓶颈,重视质量成为越来越多现代大学经营者的办学理念,以质量领先、以质量取胜已成为高校最重要的发展策略。坚持教育教学质量就是始终坚持"质量立校"的原则,大力实施质量立校战略,打好质量攻坚战,把提高质量作为高等学校工作的重中之重,把学生满意不满意、家长满意不满意、社会满意不满意作为衡量学校办学质量的最根本标准。教育观念上,坚持"学生为本,质量第一",把培养适应现代农业需要的人才作为学校一切工作的出发点和落脚点。教学实践上,依据社会需要,科学设置专业,完善培养方案,优化师资队伍,健全质量监控体系,实现人才培养目标。

四是鲜明的特色观。办学特色是一所高校赖以生存和发展的根基,是可持续发展的潜力和持久生命力的表征。所谓办学特色是指在长期办学过程中积淀形成的、本校特有的、优于其他学校的独特优质风貌。特色应当对优化人才培养,提高教学质量有显著的作用和效果。特色有一定的稳定性并应在社会上有一定影响,受到公认。坚持鲜明特色观,就是突出学校的办学特色,走特色兴校之路,注重把握发展的一般性和特殊性规律,既把握高校发展所具有共同的规律,又体现出各自不同的特征,将高等教育的共同原则与高校的办学具体实践有机结合,形成有生命力的办学特色;注重批判性和继承性的结合,充分考证学校办学历程的沿革与发展,把握其历史继承性和时代发展性,在遵循高校的本质特征和基本职能的基础上,结合不同社会、历史、文化环境和发展实际,最终形成既符合高等教育发展规律又具有现实指导意义的办学特色;注重培养"敢为天下先"的创新精神,积极进行体制和机制的创新,方式和方法的改进,与时俱进地总结和提炼符合自己实际的办学特色,从而为经济和社会发展提供有特色的服务,使学校具有更加牢固的发展根基和更为持久的竞争力。

二、教学中心地位得到进一步巩固

高等学校的主要任务是提高教育教学水平,为社会进步和地方经济的发展培养合格人才,学校的所有改革和一切工作都必须围绕教学这个中心地位而展开。因此,教育教学质量和人才培养水平的提高是进行高校管理体制改革的出发点和落脚点,也是高校管理体制改革最直接、最重要的成效之一。根据调查结果显示,86.07%的人认为,教育教学的各项改革极大促进了学校事业的发展,对于学校实行的教学质量监控体系,非常满意和基本满意的达到93.68%;对于学校目前的专业设置,非常满意和基本满意的达到84.82%;对于目前学校实行的选修课分创新和创业模块,非常满意和基本满意的达到89.88%;对于学校现行的人才培养方案,非常满意和基本满意的达到89.88%;对于大学英语教学改革工程,非常满意和基本满意的达到79.75%(表6-2)。

表6-2 对学校有关教育教学改革各项措施满意度调查情况表

问题	满意程度		
	非常满意	基本满意	不太满意
您对学校教学质量监控体系的满意程度	32.91%	60.77%	6.32%
您对学校目前的专业设置的满意程度	26.58%	58.24%	15.18%
您对学校实行的选修课分创新创业模块的满意程度	19.00%	70.88%	10.12%

(续表)

问题	满意程度		
	非常满意	基本满意	不太满意
您对学校现行的人才培养方案的满意程度	12.67%	77.21%	10.12%
您对学校大学英语教学改革工程的满意程度	10.13%	69.62%	20.25%

1. 通过深化管理体制改革,使各项政策进一步向教学倾斜

通过深化学校管理体制改革,学校出台了一系列有关加强教育教学的政策,从不同方面体现了向教学倾斜的理念,确保了教学中心地位。学校出台了《河南农业大学关于进一步完善岗位聘任和分配制度改革的意见(试行)》,设立教学为主型岗位和教学专项奖励。凡主持教学研究项目,获得教学成果,教学名师或精品课程负责人等都可申请不同等级的教学为主型岗位,享受相应的岗位津贴。设立教学专项奖励,包括超工作量奖、教学成果奖、优秀教材奖、教改项目奖、精品课程组奖、教学名师奖。学校制定了《关于职称评审实行教学量化综合考核的实施意见》,实行职称评审中的教学一票否决制,考核成绩达不到要求者,取消当年职称评审资格,从而强化教学量与质在职称评审中的决定性作用。学校还充分利用具有副教授和教授评审权这一政策杠杆,在职称评审中专设教学高级职称岗位,对教学特别优秀的教师如达到规定的条件,经过严格的程序可以逐级直接认定晋升为副教授职称。

2. 通过深化管理体制改革,使教学质量进一步提高

以院为主体的办学管理体制改革,使学校的管理重心下移,使机关职能部门有更多的时间和精力关注教学管理。学校制定并实行了《院部级教学工作水平评价方案》等教学过程的监控体系。按教学进程指标对院部教学工作进行评估,成绩优秀者增加下年度拨款额度,优先安排增加招生人数,否则,核减拨款,压缩招生。实行"三制平行"的过程管理。实行随机和定期相结合的监督检查制,校院两级的教学督导制,为学生配备导师的制度,教学效果一票否决制。职称评审教学量化综合考核没有达到学校规定的,取消当年申报高一级职称的资格。各院部也十分注意加强教学工作,提高教育教学质量。学院都制定了加强教学管理,保证教学质量的有关规定。林学园艺学院、人文社会科学学院先后制定了《关于加强教学管理,提高教学质量的意见》《教师工作规范》等十几个文件。加强教学环节的过程管理,从教师的备课准备,教案编写,课

堂讲授,作业布置与批改,实践教学的安排,毕业论文(设计)的撰写,考试各环节都有监督检查、评比验收标准,质量的高低与岗位任务、与业绩津贴挂钩。经费分配办法的改变,院部之间竞争机制的建立,使各院部更加重视。

3.通过深化管理体制改革,使教学运行管理制度进一步完善

通过实行学院为主体的教育教学改革,学院可以自行设置课程,学生在本学院可以选修院内其他专业的课程,学院也可以在内部统一调配教师和其他教学资源,应用先进的教学手段从事教学活动。实行灵活的学籍管理,学生按大类招生,两年后选择专业方向,修读其专业方面的主干课程及相关的选修课,学生可以根据自身的能力确定所修读的课程和修读年限,既可以提前毕业,也可以延迟毕业,甚至还可以中断一段学习时间去工作后再来学习,对实行学分制提供了极大的方便。实行学分制改革,修订了学分制教学计划,实行"两期三段式"排课法,统一安排选修课学时和开课学期,为学生跨年级、跨专业自由选课提供了方便。据统计,近三年来,学校攻读辅修、双学位专业的1715人中,获得辅修专业证书的273人,获得双学位证书的722人。

4.通过深化管理体制改革,使实践教学环节进一步加强

实践教学是影响教育教学质量提高,培养学生创新精神的关键性问题,长期以来,困扰着高等农业院校的发展。以院为主体的办学管理体制改革,促使学院走出校门,进入社会,寻找问题的解决办法,建立了103个校外实习基地,较好地解决了实践教学问题,为提高学生的创新精神和实践能力创造条件。各个学院根据专业设置、实习需求,选择重点农业企业,根据自愿的原则,经双方协商,体现"互惠互利,对方优先"的思想,用合同方式明确各自的责任、业务和利益。农学院育种专业在漯河市源汇区金囤种业公司建立了实习基地,挂牌"河南农业大学教学实习基地",这里不仅为实习师生提供了良好的工作条件,还为每个宿舍配备了电视机、计算机,指派理论扎实、实践经验丰富的技术人员对学生进行指导,学生能参与种子的选种、繁育、加工、管理、营销、售后服务等全过程的实践。

三、师资队伍整体素质得到进一步的提高

以院为主体的办学管理体制改革,进一步加强了师资队伍和学科梯队建设。学校确立了"人才强校"的发展战略,先后实施了"特聘教授+团队工程""教学名师工程""青年教师培养工程""高层次人才引进工程"四项工程,在制度上保证人才强校战略的

第六章 民办高校管理体制改革的实证调研与成效

顺利实施。各个教学单位充分认识到要在竞争中立于不败之地,要提高自己的知名度,就必须有一支强大的师资队伍,必须加强学科梯队建设。学院充分利用自己的办学自主权,在加大人才引进力度的同时,采取更加倾斜的措施,不惜力量,加大投入,切实加强高层次人才和学科梯队的培养建设工作。近年来,学校以柔性引进方式吸引双聘院士8人,海外知名学者21人,设置省级特聘教授岗位14个,校级特聘教授岗位21个,新增博士后流动站1个,已接受博士生153人,硕士生180人,使教师队伍数量在三年内增长近1倍,硕士以上人员比例达到75%以上。目前,学校师资队伍总数1312人,专任教师1054人,外聘教师258人,队伍质量、学员结构、学历结构显著改善,为学校又好又快发展提供了有力的人才保证(表6-3)。人员编制减少了1/3,这就为引进和培养高层次人才,加强学科梯队建设提供了编制空间。

表6-3 师资队伍职称、年龄、学员、学历结构情况表

结构类型	结构名称	人数(人)	所占比例(%)
职称结构	教授	124	12.34
	副教授	280	27.86
	讲师	403	40.1
	助教及其他	198	19.7
年龄结构	36岁以下	448	44.58
	36~45岁	394	39.2
	46~55岁	138	13.73
	55岁以上	25	2.49
学员结构	本校毕业	165	16.42
	外校毕业	840	83.58
学历结构	博士	267	26.57
	硕士	472	46.96
	学士及其他	266	26.47

2. 为优秀年轻人才脱颖而出创造了良好的环境

通过深化干部人事制度改革,解决了突出存在的缺乏竞争、熬年头、论资排辈、平衡照顾等现象,严格实行岗位聘任制,看的是素质、水平、能力,靠的是公开、平等、竞

争、择优,为一大批优秀的年轻专业技术人才和年轻干部能够有机会脱颖而出创造了良好的环境和条件,使一大批优秀年轻人才在新的岗位上挑重担、受锻炼、长才干,也使一大批优秀年轻干部走上领导岗位,顺利实现了新老交替,使整个队伍充满生机和活力,逐步建立全方位的鼓励和支持创新性优秀人才脱颖而出的人才制度。

3. 为建立竞争、激励、约束机制提供了制度保障

通过深化人事分配制度体制改革,积极探索按需设岗、以岗定薪、岗变薪变、优劳优酬的分配办法,破除了职务"终身制"和人才"单位所有制",完善了重实绩、重贡献的分配制度,向高层次优秀人才和重点岗位倾斜,实行"一流人才,一流业绩,一流报酬",基本形成了"能进能出、能上能下、能高能低"的竞争激励机制。同时,建立以品德、知识、能力、业绩为主要内容的指标评价体系和严格的考核考勤配套措施,考核指标得到了细化和量化,建立起绩效管理模式,人才评价的方式和手段更加科学化,进一步调动了广大教职工的服务意识和办学积极性。据调查结果显示,在问到"如果您的工作成绩突出,您最想得到的奖励"的问题时,67.21%的人想增加收入;22.42%的人想晋级,3.79%的人想授予荣誉称号,2.79%的人想获得培训机会,2.53%的人想休假,1.26%的人想改善办公条件。

4. 为正确用人导向的形成提供了良好的舆论氛围

通过深化干部人事制度改革,进一步优化人才成长和工作环境,营造了尊重劳动、尊重知识、尊重人才、尊重创造的舆论氛围,使全校上下都深刻认识到:能否提拔重用,靠的不是关系、资历;要担当重任,要赢得组织和群众的认可,就必须勤奋学习,努力工作,内强素质,外树形象,按照德才兼备的标准塑造自我。如果不努力工作,完不成责任目标,就失去了群众信任的基础,必然要下课下台。

四、科技创新和服务社会能力得到进一步增强

科学研究和服务社会是高校的中心职能,是评价高校办学能力与办学水平的两个核心维度,因此,一所高校的科技自主创新能力和服务地方经济社会建设的能力的高低,也是反映一所高校管理体制改革是否成功的重要标志之一。

学校实行校院两级管理体制改革,在岗位聘任中,按需设岗,以岗定位,大大激励了广大教师开展科学研究的积极性,推进全校教职工满负荷运转;在年度考核中,专门对科研方面做出具体的量化标准,包括聘期完成论文级别及数量、课题与经费、成果奖

励及转化;在业绩津贴中,把论文分为5个等级,进行不同等级的津贴奖励,对学术专著和译著也做了规定,对获得国家级和省部级相关科技成果奖励,每个奖项学校按国家或省奖励金额1∶1匹配奖励,对畜禽新品种、大田作物、林木新品种、新农药、新兽药、新肥料以及发明专利、实用新型专利、外观设计专利都有相应的业绩奖励标准。此外,学校深入开展干部管理体制、财务管理体制、后勤社会化等各项综合改革,也都为学校科技自主创新能力和服务社会能力的提高提供了创新的源泉和不竭的动力。

五、工作效率和服务意识得到进一步提高

通过深化干部人事制度和机关管理体制改革,充分体现了精兵简政、按责定岗、职能明晰、精干高效的原则,使学校各学院和各部门的工作效率和服务质量都得到了明显的提高。首先,学校根据管理工作需要设置岗位,比照职员的高、中、初三个职等和一至十个职级,明确目标责任,合理设置岗位,并通过撤销、合并、合署、转制等形式,将机关部处由原来的24个减至17个,管理岗位由182个压缩到121个,增强了职能部门的办事效率和综合服务能力,减少了管理过程中的扯皮现象,杜绝了不正之风。其次,学校面向全校公布岗位,明确职能、责任和待遇,择优聘任,竞争上岗,满负荷运转,并按规定接受群众年度评议,聘期结束三年总考核,把师生对他们服务教学工作的评价,作为上岗、晋级的主要依据,打破了过去那种能上不能下,能进不能出的终身制陈规,提高了主动为师生服务,为教学科研服务的意识和水平。最后,学校通过明确职责,划分职能,将机关具有服务职能、经营职能的单位分离出去,实行重组,成立机关综合服务中心,企业化运作,其各种待遇都通过为师生服务、为教学科研服务来取得。

在调查中,有84.56%的人认为干部管理体制改革极大促进了学校事业的发展,对于干部选拔任用机制,非常满意和基本满意的达到94.81%;对于干部竞争上岗制度,非常满意和基本满意的达到93.67%;对于干部考核评价机制,非常满意和基本满意的达到94.34%;对于干部民主评议和群众监督机制,非常满意和基本满意的达到92.31%(表6-4)。

表6-4 对学校有关干部管理体制改革各项措施满意度调查情况表

问题	满意程度		
	非常满意	基本满意	不太满意
您对学校干部选拔任用机制的满意程度	16.33%	77.88%	5.19%

(续表)

问题	满意程度		
	非常满意	基本满意	不太满意
您对学校干部竞争上岗制度的满意程度	10.13%	83.54%	6.33%
您对学校干部考核评价机制的满意程度	18.06%	82.28%	5.66%
您对学校干部民主评议和群众监督机制的满意程度	21.04%	71.27%	7.69%

通过不断深化办学管理体制改革，使领导干部和教职工生的思想观念和精神面貌得到了很大转变。改革之前学校全揽一切，学院只是执行学校的计划，完成学校的任务，没有办学压力，学院之间缺少竞争，干好干坏一个样。改革后，学校拥有的权力少了，思考大局的时间和精力多了，学院拥有了更多的自主权，但办学的责任和紧迫感增加了，由被动完成任务变成了主动思考事业发展大计，变"要我做"为"我要做"和"要做好"。办学压力由校长一人承担，变为教职工、院长与校长一起分担，学院主动面对社会，不仅参与社会竞争，学校内部也展开了竞争。经费的使用，由原来的"事不关己"，变成精打细算，尽可能地提高使用效率。通过改革也促进了教职工的思想意识和精神风貌发生极大改观，风险意识、竞争意识、改革意识、创新意识和市场经济意识已深入人心，原来个别教职工身上那种"做一天和尚撞一天钟"的懒散作风转为了干事创业的积极性和主动性。

同时，通过深化管理体制改革，学校的后勤服务水平和服务质量得到提高。据调查结果显示，83.53%的人认为后勤社会化改革对学校事业发展起到促进作用，对于实施后勤社会化改革之后，加强后勤保障能力、弥补办学经费和资源不足、改善学生学习生活条件、满足教职工需求等方面的调查，赞同的比例都在70%以上（表6-5）。

表6-5 对学校有关后勤社会化改革各项措施调查情况表

问题	是	不是	不清楚
您认为后勤社会化改革是否促进了学校事业的发展	83.53%	15.28%	1.19%
您认为实施后勤社会化改革后，学校的各项后勤保障工作是否得到了加强	77.23%	16.45%	6.32%

(续表)

问题	是	不是	不清楚
您认为实施后勤社会化改革后,是否弥补了学校办学经费和资源的不足	82.28%	18.06%	5.66%
您认为实施后勤社会化改革后,是否改善了学生的学习和生活条件	71.27%	21.04%	7.69%
您认为实施后勤社会化改革后,是否满足了教职工生的需求	71.27%	21.04%	7.69%

六、办学效益得到进一步增强

1. 确保了四项教学经费的逐年增长

通过深化以院为主体的校院两级管理体制改革,保证了教学经费的较快增长和合理使用。一是严格教学经费预算,确保教学经费支出。在院级初次分配包干经费预算时,明确教学经费占院级可支配经费的最低比例,并明确规定各单位预算外收入的资金,必须有不低于40%的部分直接用于补充教学收入,财务处在给各院结算预算外收入时,直接将其收入的40%划入该院教学经费专户。近三年来,全校从各种办班、在职研究生、成人教育收费和附属企业收入中补充教学经费分别占当年预算外收入的43.25%、40.36%和43.98%,目前院级教学经费支出预算基本占可支配经费的70%以上。二是加强院级教学经费的使用管理,确保教学经费用到实际教学工作上。学校建立了教学经费专项管理制度,为每个学院的教学经费建立了专门账户并封闭运行,除其他项目经费可调入教学经费专户,以增加教学经费外,教学经费不得调出或用于其他支出,当年教学经费有结余时,顺延结转到下年的教学专项中,不得挪作他用。三是积极筹措教学经费,保证教学经费的增长。学校进行了各种教学经费奖励或配套投入,如重点学科、精品课程、教学名师等,为了保证各种奖励配套专项经费的有效使用,学校将这部分专项经费直接拨入学院教学经费专户使用。除此以外,学校还鼓励科研和其他经费向教学投入或直接支持教学活动,鼓励科研经费购置仪器设备兼顾教学使用,科研设备向本科生教学实验开放,有条件的课题向学生开放,学生的实验实习结合科研活动,利用科研经费完成。通过一系列的改革,学校本科业务费、教学差旅费、体育维持费、教学仪器设备维修费四项教学经费得到了稳步增长,四项教学经费占学校学费总收入的比例逐年提高,2015—2017 年,分别为 32.7%、34.1%和 36.7%(表 6-6)。

表 6-6 近三年四项经费支出占学费收入比例

年份	学费收入（万元）	四项经费（万元）				四项经费占学费收入比例(%)
		本科生业务费	教学旅差费	体育维持费	教学仪器设备维修费	合计	
2015	4248.4	1037.2	244.6	33.6	73.9	1389.3	32.7
2016	4988.7	1307.8	268	39.1	87.2	1702.1	34.1
2017	5752.6	1653 8	295	54.1	106	2108.9	36.7

从生均四项经费增长率的增长情况看,2015 年、2016 年、2017 年生均四项经费分别达到 1030.39 元、1163.64 元和 1340.77 元,2016 年比 2015 年增长 12.93%,2017 年比 2016 年增长 15.22%,增长率为 17.7%,年均增长约 15.06%(表 6-7)。

表 6-7 近三年生均四项经费变化情况

年份	四项经费(万元)	本科学生数(人)	生均四项经费(元)	生均年增长率(%)
2015	1389.3	13483	1030.39	12
2016	1702.1	14627	1163.64	12.93
2017	2108.9	15729	1340.77	15.22

2. 提高了财务管理水平和资金使用效益

实行校院两级管理体制改革后,各项经费直接分配到学院,各学院都必须根据经费的多少,认真做好预算,把经费用到最需要的地方,投入教学和实验室建设的经费明显提高,改革后的 2012 年和 2013 年学校经历了教学水平评估和建校 90 年校庆,在学校没向各院投入经费的情况下,各院利用自有资金和创收经费竞相对实验室进行了改建装修、设备添置,教学实验条件迅速改善,面貌大为改观。

3. 大大节约了办学的运行成本

由于新管理体制的实行,全校各单位严格了财务管理,在拓宽渠道增加单位经费收入的同时,采取各种措施,堵住经济漏洞。同时,各单位责任感增强,加强管理,厉行节约,杜绝各种跑冒滴漏,取得了明显效果。2011 年,新财务管理体制正式实行的第一年,在全校学生数增加3000人的情况下,用水量反而比2010年减少了18.3万吨(2010年103万吨)。改革之后,在学校招生规模迅速扩大,教学科研任务大幅增加的前提下,学校生均公共用水和用电量较改革之前大幅度下降(表6-8)。

表6-8 近几年公共用水用电基本情况表

年份	用水量(立方) 总量	用水量(立方) 生均量	用电量(度) 总量	用电量(度) 生均量
2010	1030000	98	6000000	570
2011	847000	63	6600000	490
2012	717000	44	6588524	407
2013	820000	48	8570000	501
2014	820000	45	8800000	486
2015	760000	41	8680000	466
2016	520000	25	10110000	483
2017	630000	29	11720000	547

另外,通过对河南省教育厅计财处以及河南省内几所大学的调研,将2015—2017年河南农业大学与郑州大学、河南大学、河南师范大学等省内冠名大学的六所高校生均公用水电费进行比较分析得出,2015—2017年间,河南农业大学生均公用水电费均为几所高校当中最少的,分别为207.34元、278.95元、234.82元(表6-9),比生均水电费最高的学校分别低出471.66元、450.07元、292.46元,比六所学校生均水电费的平均值分别低出207.63元、165.11元、197.17元。

表6-9 近三年河南省内部分高校生均公用水电费基本情况表

学校	生均水电费(元) 2015年	2016年	2017年
河南农业大学	207.34	278.95	234.82
郑州大学	416.59	729.02	527.28
河南大学	430.33	449.87	436.23

(续表)

学校	生均水电费(元)		
	2015 年	2016 年	2017 年
河南师范大学	346.68	344.35	283.07
河南科技大学	257.78	288.87	328.45
河南理工大学	679	415.09	515.12
河南工业大学	359.43	437.16	501.76

4.各个学院的办学积极性得到极大的激发

在实行"院为主体、责权明晰、一级核算、两级管理"的财务管理体制改革中,学校和学院的各自职责和经费支付范围被明确确定,学院负责实验室及校内外实验、实习基地及资料室的建设。各学院通过董事会、科技成果转化资金、提供技术服务等方式,筹集资金用于改善教学工作条件,院级教学设施、实验室和实习基地建设进展迅速。机电工程学院2010年投入教学经费66.1万元,2011年增加到81.3万,增长23%,近三年,牧医工程学院投入教学的预算外资金和自筹经费分别达到43.4万元和35.1万元,还通过建立董事会,筹集资金100多万元,建立了饲料检测中心,疫病检测中心,药物检测中心,更新教学设备,较好地改善了办学条件。

5.对综合改革起到了基础性保证作用

通过校院两级管理体制改革,实现了院级"人财物"和"责权利"的统一,推动了各学院人员结构的不断优化,由于对各院分配经费不考虑其职工人数,只以完成工作量和学生人数为主要因素,克服了吃大锅饭和人浮于事的现象,各学院主动承担教学任务,实行满工作量,建立内部考核办法等,加强了内部管理,提高了管理水平和办学效益。同时,由于后勤服务及水电暖及维修经费全部下放到院,纳入各院经费预算管理,受后勤服务的主体由过去对学校一个单位,对校长要钱,变为校内多个主体,为谁服务向谁收费,谁用水电谁交费,不再找校长要钱,形成了后勤企业化管理的校内市场环境,推动了后勤服务方式和服务思想的改变,为完成学校后勤体制改革发挥了主导作用。

据调查结果显示,74.68%的人认为校院两级财务管理体制改革极大促进了学校事业的发展,在认为校院两级财务管理体制改革有哪些优势时,44.30%的人认为,可

第六章 民办高校管理体制改革的实证调研与成效

以分散校级层面上的办学压力,有利于建立高效率运行的管理体制;69.20%的人认为,可以加强各个学院对人、财、物进行统一调配,使各种资源得到充分利用;55.69%的人认为,可以增强各个学院教职工的主人翁意识和干事创业的责任感;49.36%的人认为,可以使师资培养更具计划性和针对性,用人效率得到提高;62.02%的人认为,可以提高学校办学的积极性和自我发展的能力(表6-10)。

表6-10 对学校有关校院两级财务管理体制优势调查情况表

问题	赞同比例
可以分散校级层面上的办学压力,有利于建立高效率运行的管理体制	44.30%
可以加强各个学院对人、财、物进行统一调配,使各种资源得到充分利用	69.20%
可以增强各个学院教职工的主人翁意识和干事创业的责任感	55.69%
可以使师资培养更具计划性和针对性,用人效率得到提高	49.36%
可以提高学校办学的积极性和自我发展的能力	62.02%

第七章 民办高校管理体制改革和创新的思路

在高等教育多元化、多样化发展的今天,世界上并不存在一个能原封不动地适用于所有大学的管理体制模式。由于举办主体、举办历史、举办模式和管理文化的差异,各高校管理体制也呈现多样化特征。我国幅员辽阔,地区经济和社会发展很不平衡,各地高校发展起步不一。办学历史有长有短,办学环境差异很大,期望通过理论研究,用一个模式解决所有的管理问题,或者提出一个方案统统纳入"规范管理",或者提供适用所有高校管理的"灵丹妙药",既不可能,又不现实。当然,作为管理体制这样一个一般性问题,各校之间还是有许多相通性。因此,本书只是阐述深化高校管理体制改革和创新的一般性问题和思路,并就高校内部管理主要的和普遍的方面和环节,提出建设性意见。

第一节 改革高校产权制度,夯实管理体制基础

一、产权与高校管理体制的联系

高等教育的地位和可持续发展,取决于国家层面相关制度的建立,特别是在高度集中统一管理的体制下。要不要发展高等教育?办一个什么样的高等教育?办一个多大规模的高等教育?怎样办高等教育?是国家层面高等教育制度涉及的四个主要问题。作为第一个问题,国家现行法律法规已经做了很好的回答。至于第二个问题,至今还在探索之中,并且在短期内还难以统一认识,从而为研究采用什么样的管理体制提供了空间。而第三个和第四个问题,则需要建立在前面两个问题的基础上来思考和设计的问题。

第七章 民办高校管理体制改革和创新的思路

办一个什么样的高等教育,其主要内容是要回答办一个坚持非营利性的高等教育还是营利性与非营利性混合存在的高等教育的问题。从目前所掌握的材料来看,迄今为止营利性私立大学只存在于美国等少部分国家。我国现有的法律和法规明确规定,教育事业属于公益性事业,"不得以营利为目的",这一态度本身看来似乎是明确无误的。之所以提出这个问题,主要是现有法规和法律之间以及与高校办学实际之间已经有了很大的分歧。一方面,法律将整个教育定位为公益性事业,不得营利。另一方面,根据相关法律规定,学校出资者又可以取得合理回报。在"公益性"大旗下扯开了一道"可以分配办学积余"的口子。尽管目前我国法律不允许高校以营利为目的,公众对营利学校发出一阵阵嘘声,国内至今也没有高校能明确亮出自己是营利性学校的旗帜,但高校中存在营利性行为已是不争的事实。实践中营利行为多为隐性,营利多少甚至没有限制。因此"公益性"和"非营利性"并未完全落实。而《国家教育规划纲要》中明确提出,要"积极探索营利性和非营利性学校分类管理""开展对营利性和非营利性学校分类管理试点",更是默认了营利性高校存在的事实,承认了投资办学的合法性。既然有回报,回报的依据是由投资所产生的产权决定的;既然允许营利,营利的产生是与投资行为相伴的。无论是回报还是营利,都是以承认投资办学的行为和产权所有为基础的。法律条款的含糊不清、内涵不一和前后矛盾,使得高校单一的公益性办学性质不复存在,也说明原本单一的以非营利性为目标的国家高校产权制度设计并不能适应高校实践的发展。高校的产权问题更加突出,解决的需求更加迫切。

科学界定产权关系和合理安排产权制度是高校国家制度的核心内容,也是构建合理有效的法人治理结构的前提。学校内部治理结构的建立和健全,实质上就是把属于学校法人的那部分产权和事权基于配置效率和激励效率在学校内部进行再认定和再分配,即通过设置各种机构,配备各种人员,明确规定不同机构和人员的权利、责任和义务,使产权和事权得到解决分解和落实。在现有法律中无论是捐资办学还是投资办学,都不排除出资者在学校中的管理权。而投资举办的高校,则与举办者的利益联系更加密切,办学行为更多地体现出举办者的经济利益价值取向。产权制度更是高校管理体制构建的根本依据。我国高校的相关制度不健全、民间资本集聚度不高,举办高等教育许多是出于投资的目的。由于担心政策多变,产权关系疏松,或者办学人不负责任等导致投资效率低下的行为发生,举办者往往采用严厉控制学校的办法,将学校管理权牢牢抓在手上,以便在办学的实际中掌握主动。管理成员家族化的产生和蔓延很突出地体现了这一点,由此给高校现代大学制度的建设和学校的可持续发展带来制约。国务院办公厅[2006]101号文件在分析当时高校中发生的群体事件原因后指出,"这些事件的发生,既是高校发展进程中出现的问题,也是高校深层次矛盾长期积累的结果,集中反映了一些高校办学指导思想不端正,管理体制不健全,法人财产权不落实,办学行为不规范,也反映了一些地方政府对高校疏于管理、监管不到位。这些问题如不引起高度重视并及时解决,势必影响高等教育的健康发展和社会稳定"。事实已经证明,产权问题已经成为我国高校健康和可持续发展的主要障碍。正因为如此,《国家教育规划纲要》提出要"切实落实学校法人财产权"是非常正确的。

二、界定高校不同性质资产的所有权

研究表明,我国民办高校大多具有投资举办的性质。既然是投资,就蕴涵营利和获取利润的目的在内。目前,我国的现行法律法规,只有高校法人财产权,没有涉及投资者权益,并且不区分高校的出资性质,一律以捐资办学对待。事实证明,投资办学与捐资办学不分,营利高校与非营利高校无别,不符合我国民办高校的发展实际,不利于调动国内外资金投入高校,也不利于理顺高校内部管理关系和建立管理体制,不利于高校的发展。"我国高等教育发展过程中产生的各种矛盾冲突,关键是把捐资办学的制度安排试图转移到今天具有我国本土特征的投资办学的高等教育模式上来。"

产权明晰,指的是产权归属主体的明确。根据国际经验和我国民办高校办学实际,应该明确界定投资办学的投入所形成的资产产权。首先以是否捐资办学为基准,把民办高校分为捐资举办的和投资举办的两类,而不是模棱两可的"出资"办学。笔者认为,捐资办学,意味着放弃学校产权,属于非营利性质,其产权应归高校法人所有,财产由学校管理、支配和使用,任何组织和个人不得侵占,也不能分配办学盈余。投资举办的民办高校,学校的资产按照来源渠道可以划分为举办者投资形成的资产、社会捐助形成的资产、政府投入或政策支持形成的资产、办学积余再投入形成的积累资产等。《民办教育促进法》及其相关法律规定,举办者投资形成的资产是指举办者在学校成立时,按照规定投入学校的资产,包括货币资金、实物资产、土地使用权、知识产权以及其他财产。举办者直接投资学校形成的资产,其所有权理应属于举办者,这部分资产的产权也是清晰的,其处理的法律依据也是明确的。同时规定,"高校要落实法人财产权,出资人按时、足额履行出资义务,投入学校的资产要经注册会计师验资并过户到学校名下,任何组织和个人不得截留、挪用或侵占"(国务院办公厅[2006]101号文件)。"高校对举办者投入学校的资产、国有资产、受赠的财产、办学积累依法享有法人财产权,并分别登记建账。任何组织和个人不得截留、挪用或侵占高校的资产"(教育部 25 号令)。

按照《民办教育促进法实施条例》,"国家的资助、向学生收取的费用和学校的借款、接受的捐赠财产,不属于学校举办者的出资"(第 5 条)。但是在学校存续期间,也是作为学校的法人资产,归学校使用。这一工作本身不具有难度,困难在于投资办学中积累(或者增值)资产的所有权处理。社会上对此问题的认识分歧较大,现有法律对此问题的处理也有明显的矛盾。特别是在《民办教育促进法》颁布实施之前举办者没有实质性直接投资、依靠学费积余滚动投入建设发展起来的高校,目前办学积累已经达到一定的规模,由于法律滞后的原因,这部分资产归属成为历史问题,迄今为止国家层面尚未有明确的文件指导。目前仅有《黑龙江省人民政府关于促进民办教育发展的若干意见》提出了处理意见,达到一定规模但没有明确出资比例的举办者,根据对学校发展贡献情况,经学校理事会或者董事会同意,审批机关核定,可以一次性给予举办者相当于学校净资产(扣除国有资产和社会捐赠部分)15%的奖励,作为举办者的初始出资额。

根据这一政策规定,《民办教育促进法》颁布以后,国家已经明确了这部分高校产权归属,因此不作为特例处理。但是事实上,《民办教育促进法》颁布以后,绝大部分省市没有做出相应规定,就是黑龙江省的高校,实施这一规定也还需要时间,换句话说还是存在历史问题。并且这一文件中提出的"贴补"主体并不明确。谁拿钱贴补?学校肯定拿不出这么多钱;如果政府贴补,就是同样的政策,在高校发展密集的省市,也做不到。实际上,2018 年以后我国高校快速发展,资产积累迅猛,高校资产超十亿的不在少数,给问题的处理和解决带来很大难度。对于增值部分的财产,按照《民办教育促进法实施条例》,应归国家所有,但是这样做显然忽视了对举办者利益的保护,违背了风险与收益相一致的原则,不利于调动举办者的积极性,也不能满足举办者的利益诉求。当然,将全部的增值资产和剩余财产全部归举办者所有,也违背了教育公益性原则,并且高校的办学积余确实还有许多政策优惠的因素。因此,笔者认为,若是投资举办的营利性学校,增值部分的资产可归举办者、投资者所有。也可以根据实际情况确定一个双方都可以接受的比例。这一问题的处理势在必行,并且是越早越好。

对于增值部分产权的明晰,是政府理解、尊重举办者的重要方面,也是体现解决历史问题的一种姿态。当然,如果确实有合理的要求也应该给予解决。实际上,举办者不一定会索取或者私囊这一部分产权。黑龙江省相关政策颁布实施以后,提出要求界定产权归属举办者的也不多。相反,一部分学校还公开亮出旗帜,坚持公益,放弃产权。前面研究的黑龙江东方学院就是一个突出的案例。齐齐哈尔工程学院院长曹勇安,在学校改制的困难时刻接手学校,根据相关规定他成为学院的举办人。但是,在学校发展势头最好的时候,他选择放弃学校的产权,将学院交给社会。从中不难看出许多高校举办人对教育事业、对人才培养的拳拳之心。

产权明晰,还应包括产权内容的明确,以及权能范围的界定。高校产权主体的明晰,不仅要做到所有权、占有权、收益支配权、使用权等四大权利的合理分割与重组,保证产权的充足权能,而且要做到各产权要素内部的相对完整,以便产权分割和重组的各产权要素能独立发挥作用。产权是否明晰不仅影响个人、社会兴办高校的积极性,而且也影响高校资源的配置效率。由于政府无力给高校提供很大的资金支持,在大力倡导社会力量捐资举办非营利性高校的同时,政府也应允许个人或企业投资举办营利性的高校及社会力量混合筹资举办准营利性高校。准营利性和营利性高校的财产归属权的初始界定,应坚持收益与风险、权利与责任匹配的"对称原则"。高校筹资的来源及其运作,在一定程度上决定着高校产权的界定,而高校的产权界定又反过来影响社会力量对高校的筹资规模与多样性。根据我国高校发展实际,确定各类各级高校的性质,明晰高校组织的产权,对于充分调动社会力量办学的积极性,保障高校健康有序的发展,有着十分重要的现实意义。

《民办教育促进法》及其实施条例对高校终止办学以后的剩余财产处理也有相应规定,基本原则是:国家对高校的投入所形成的财产和高校受赠形成的财产,由审批机关统筹安排,用于发展高校事业;由举办者出资(不是捐资)形成的财产,返还举办者。在目前以投资而非捐资为主的办学形势下,允许学校在终止清算并有剩余财产的情况下返还原始投资,是符合市场经济规律和竞争法则的,有利于鼓励教育投资和保护私有财产。但是,这些原则在实践中缺乏可操作性。出资人的收益权在现有法律规范下,事实上是得不到保障的。在澄清高校财产权法律关系的权能上,要区分举办者、管理者的各项权、责、利,只要符合法律规定,就应当保证和落实他们对财产的所有权和收益权。投资举办高校,举办者应是学校的法人代表,按照谁投资、谁拥有、谁受益的原则,高校的产权应属学校举办者所有,并享有相应的学校财产收益权与回报权。学校存续期间其营利部分,投资者可以按照相关规定获取合理的回报。

潘懋元先生等曾经提出"高校中人力资源应参与产权分配"的观点。有的学者甚至认为滚动发展的高校产权应归校长及办学团队所有。笔者认为这些探索很有意义,

第七章 民办高校管理体制改革和创新的思路

凸显了校长作为"学校运行官"的重要角色,有利于校长队伍的稳定和专业化。从企业人力资本的制度安排来看,经营层参与股权分配已经非常普遍。但是当前高校情况有所不同,投资者本身的产权问题尚未解决,现在解决人力资源参与产权分配的问题可能还不现实;而当前高校校长相对企业专业经理人来说专业性差,尚未形成稳定的高校职业校长,使得解决此一问题的条件尚未成熟;目前高校校长流动性大,在岗时间短,责任不明确,考核有困难,也为问题的解决带来了难度。尽管如此,本书认为此问题的研究值得深化。当然,对于教师作为人力资本参与产权分配,理论上说有一定道理,但是教师人多面广,层次不一,流动量大,问题的处理更加复杂,目前国际上也还没有先例。

全国人大常委会教科文卫委员会教育室原主任侯小娟认为:"物权法出台以后,我们应该承认民办教育举办人对学校的产权,举办人可以通过学校董事会的形式实现其对民办教育的产权。应该在不损害学校资产、不会造成学校资产流失的情况下,允许举办人对学校财产的继承以及转让。在经过法律允许的条件下,举办者可以自行要求终止,并在终止前进行财产的清算。"从教育产权角度分析,学校管理体制的改革和创新,其核心是高校内部如何处理好举办者、办学者以及学校师生之间的利益关系,如果学校管理体制优越,具有良好的制度环境,就可以发挥制度效益。学校内部治理结构的建立和健全,实质上就是把属于学校法人的那部分产权和事权基于配置效率和激励效率在学校内部进行再认定和再分配,即通过设置各种机构,配备各种工作人员,明确规定不同机构和人员的权利、责任和义务,使产权和事权得到分解和落实。就高校自身而言,突出的问题是初始所有权(出资者所有权)与使用权(经营权)尚未真正分离,董事长即校长,校长扮演着多种角色,既是举办者,也是行政管理者,权力高度集中,职责不能充分履行,董事会形同虚设。因此,必须以产权为依据,将高校所有权与经营权彻底分开,完善非营利与营利高校法人内部治理机制,保证学校法人财产权的有效运行。值得强调的是,虽然非营利高校的财产归学校法人所有,学校法人对它所拥有的财产依法享有独立使用和支配的权利,但学校法人本身无法行使财产权利,必须通过一定的法人组织机构来行使,即通过董事会、理事会等相互分离又相互制约的机制来行使。

产权问题的解决,可以调动社会投入高等教育的积极性,使得投资者消除顾虑,不会担心资产流失,从而大胆投入,放手管理。举办者可以更明晰地确定校长及其团队的工作职责,量化董事会和校长的职权,从而为校长独立行使办学权创造条件。举办者也不至于牢牢抓住学校的控制权不放,为克服管理中的家族化倾向,推进所有权和经营权分离,选拔优秀的经营(校长)团队奠定良好基础。

三、明确高校学校资产监管主体责任

投资举办高校与举办企业或其他事业是不一样的。学校是育人的地方,办学需要稳定,不能今天创建明天倒闭。而举办者也需要学校平稳发展,最大限度地减少投资风险。国家规定举办者为办学而进行的投资在学校存续期间归学校使用,其产权归举办者所有,其目的就在于此。但是这里需要一个重要的条件,就是政府有能力对高校的资产流向进行有效的监管。否则,在投资者和经营者分离的状况下,高校办学的不负责任、低效率和资产流失行为就可能在所难免,投资者就难以放心投资和委托管理。由于现有的教育执法队伍执法能力薄弱,高校资产的监管主体不明确,教育行政主管部门缺乏足够的力量和措施来监管不规范及非法办学行为,导致发现问题得不到及时有效的治理和保护。解决这一矛盾的理想方案应是:投资者为办学的投资仅作学校存续期间划拨使用,其产权归属投资者所有,学校以其办学收益回报投资者以作补偿。而政府依法对高校资产流向进行有效的监管。政府监管的核心不是学校的经费如何使用,而是学校的产权是否明晰,收支是否清楚,以防止学校资产的不正常流向,保持学校运行稳定。目前,由于国家法律法规的缺失,我国高校的财务制度和管理比较混乱,使用的财务制度五花八门,有事业单位的会计制度,也有举办企业下属单位的会计制度,还有民办非企业会计制度等等。而实际工作中教育主管部门对高校的财务开支基本不过问,监管不到位,导致投资者对办学者的低效率和高消耗以及资产流失行为难以监控,甚至违法乱纪、贪污腐败的现象也不鲜见,投资者难以放心完全委托管理。在这种情况下,健全和完善高校财务监管的法规和规章也至关重要。国家在不干涉高校办学自主权的情况下,应该对高校的教育教学和财务拥有监督检查权和评估权,对其资产有审计权,由此维护高校相关利益人的权益。既然政府对高校资产流向监管具有合理性,那么,为了保证高校产权资源配置功能的充分发挥、教育投资款的合理有序的流动,建立健全完善的高校市场准入(设立)制度、法人资产和公积金制度、分配制度和财务会计制度、监督管理制度等,以至于培育第三方的监管中介,既是政府管理的重要内容,也是不可推卸的责任。

第二节 创新法人治理结构,提高高校的决策水平

一、法人治理结构的概念和高校法人治理结构

法人治理结构(corporate governance structure),亦称公司治理结构,它原本是一个来自国外企业管理中的专用术语,在我国又被译作"公司治理""公司治理机制""公司治理结构"等,是经济学、法学和管理学研究的重要范畴。公司是现代企业的一种重要组织形式。为壮大实力赢得市场竞争,公司规模一般都很大,业务众多且事务繁杂。在这种情况下,公司以投资者为主体的董事会不可能也无法包揽一切。如果公司大小事务的决策与执行都由董事会承担,就有可能分散精力,顾此失彼。为此公司的最高经营管理层必须进行某种分离,由公司董事会以外的另一些人组成的专门机构来负责执行日常的经营管理。这个机构就是由职业经理人组成的执行机构(团队)。公司的重要经营决策权由董事会直接负责,公司日常事务的经营管理权则交由经理团队来行使。这样,董事会与经理人员之间形成了委托—代理关系。而按照公司章程规定分配董事会和经理的相应权限,分工协作,达到企业创利目标的这种制度,一般就称作法人治理结构。

高校的法人治理结构,实际上就是在高校借鉴现代企业制度的管理模式,在出资者(举办者)和经营者(校长及团队)分离的基础上,把高校作为独立的法人实体,在举办者(出资人)、决策者、管理者和教职工等权益相关人之间建立的有关学校运营与权利配置的一种机制或组织结构,以及通过这种组织结构形成的责权利划分、制衡关系和配套机制(决策、指挥、执行、激励、约束、监督机制等)等一整套制度安排。在这种组织结构中,以产权明晰为基础,来架构内部管理机构,不同机构依据不同的职权,各司其职、各负其责、相互配合与制衡,以保障学校的正常决策和管理秩序。通过这一制度安排,出资人将自己的资产交由董事会托管;学校董事会是学校的最高决策机构,作为拥有对学校法人财产的支配权的常设机关,负责制定学校发展规划和对学校校长的聘用、奖惩以及解雇措施,确定经费使用原则及预算等重大问题的决策;校长受聘于董事会,全权负责学校的运行活动,相当于企业的总经理,作为董事会意志的执行者,在其授权范围内管理学校。"董事会领导下的校长负责制"成为高校法人治理结构的最一般

的表述。可见,高校法人治理结构与公司法人治理结构有相同的渊源和相通的含义。

近几年来高校的发展基本上是以规模扩张为特征的。据不完全统计,全国已有万人高校100多所。我国高校缺乏有雄厚实力的资本大财团的有力支持,学校规模是取得效益实现平稳运行和滚动发展的重要资金来源。高校规模的扩大,主要来自规模效益的驱动,规模在一段时间内成为高校的生存命脉和发展源泉。与此同时,办学规模的扩大也增加了内部管理的难度。学校董事会包揽投资、决策、办学管理等等复杂事务成为十分困难的事情。董事会对学校具体事务介入过深,也会影响员工的积极性,其决策的执行效率将下降,并且会导致举办者与执行阶层的矛盾冲突。在高校管理中借鉴公司法人的经验,建立法人治理结构,将学校的最高决策层与执行管理层进行某种分离,学校的重要决策权由董事会负责,日常管理由董事会聘请校长(团队)来负责执行。这样,董事会与校长之间实际上就形成了委托—代理关系,这实际上就是高校法人治理结构。

从法理的角度看,法人治理结构主要是研究在所有权与经营权分离的基础上产生的权力配置和权力运行机制的构造问题,即权力机制问题。高校法人治理结构就是研究举办者所有权与学校管理权分离的基础上学校权力体系的构造问题,即权力的分配与运行机制问题。由于高校具有较强的私人性质,并且在其发展中注入了更多的市场和企业运作机制,决定了民办高校将采用不同于公办高校的领导体制与运行机制。作为按照市场规律发展起来的高校组织,也需要引入法人治理结构。特别是在当前我国高校管理较为薄弱的背景下,引入和实施高校法人治理结构,不失为一种较好的选择。

尽管目前对公办高校法人的性质尚存争议,但就民办高校而言,由于其具有较强的私人法人性质,加之它在创立和发展过程中主动自觉地引入了较多的市场化和企业化运行机制,因此,用法人治理结构进一步规范民办高校的发展,在理论上讲是可行的。另一方面,法人治理结构中所包含的法人财产权、决策、执行、激励与约束机制等核心问题,实际上已成为法人制度中带有普遍性的问题,对任何一种类别的法人都是有意义的。高校在其办学活动中也不可避免地会遇到这些相似的问题,这些问题在某种程度上的普遍性和相通性,使得高校构架法人治理结构成为可能和必要。运用比较成熟的公司法人治理结构来构架现代高校制度,在国外私立高校的管理实践中已经获得巨大的成功和全面推广,可为我国民办高校法人治理结构的建立和完善提供借鉴。

第七章 民办高校管理体制改革和创新的思路

二、高校健全法人治理结构的必要性和紧迫性

鉴于当前高校发展的实际状况,为理顺管理关系,提升办学质量,提高办学水平和效益,促进高校健康、稳定和可持续发展,有关部门一直倡导高校加快完善法人治理结构。许多省市甚至将完善高校法人治理结构作为加强高校管理的重要环节,这充分说明了加强这一工作的必要性和紧迫性。

规范、明晰、完善的法人治理结构,是高校构架现代学校制度的本质特征之一。作为独立的法人实体,高校要做到规范管理和健康发展,就必须在举办者(出资人)、决策者、管理者和教职工等权益相关人之间建立一套有关运营与权利配置的机制或组织结构,即高校法人治理结构。建立和完善法人治理结构,有利于高校实现校企分开、所有权和管理权的分离,有利于理顺复杂的管理关系,有效地化解董事会与校长、公益性与营利性的矛盾冲突,保证办学者集中精力,进一步稳定学校的秩序,在促进办学质量提高的同时,实现办学的社会效益和公益性的最大化。正因为如此,许多地方政府已经将高校法人治理结构作为高校管理体制的目标模式,对此我们应该提高认识,端正态度,深化对构建高校法人治理结构的理解,掌握高校法人治理结构的实质,增强工作的自觉性和主动性。

第一,规范和完善法人治理结构,是高校从自然人治理转向法人治理,实现可持续发展的重要制度保障。根据《教育法》和《民办教育促进法》,民办教育事业属于公益性事业,是社会主义教育事业的组成部分。因此,民办学高校作为公益性法人组织,其内部法人治理不仅应当是规范的、合法的,而且应体现与社会公益事业相称的公共性、开放性、透明性和民主性。由于我国的高校具有一定的营利性(允许合理回报),现阶段高校产权制度尚不完善,办学者对其所投入学校资产拥有收益权。这一特殊国情增加了高校法人治理的复杂性。因此,完善的法人治理结构有利于实现校企分开,所有权和经营权分离,促进经营管理的公开化,有效地化解学校经营管理中公益性与营利性的矛盾冲突,实现办学的社会效益或公益性的最大化。

第二,规范和完善法人治理结构,也有助于使高校建立起自主管理、自我发展、自我约束的机制,成为负责任的法人实体,有效地解决高校经营管理中的各种矛盾,提高学校管理效率,更好地实现其办学宗旨。高校是一个由举办者、理(董)事、校长、教职工、学生等组成的多元利益共同体。合理的法人治理结构有助于在所有者与管理者之间合理配置权力、公平分配利益以及明确各自职责,形成科学的决策机制、执行机制和

监督机制，协调各不同利益主体之间的受益、决策、激励、风险等问题。完善法人治理机制体现了集体决策、相互制衡的原则，有利于学校确立公开、民主的决策机制以及权力与责任相称的问责机制。由于重大决策由理（董）事会集体做出，通过决策者之间的相互制约，有利于消除单个决策者的决策缺陷，使决策达到最优，克服自然人治理中易出现的独断专行和"家族式"管理等不确定因素的负面影响，有效防范经营风险，使内部不同机构发挥最佳效能。

第三，规范和完善法人治理结构，更有利于实现专家治校和民主管理。如《民办教育促进法》要求学校的理（董）事会成员中三分之一以上应是具有五年以上教育教学经验者，还规定应有教职工代表参与理（董）事会。这些规定体现了对专家治校和民主管理的重视。教职工代表参与决策机构有助于实现学校举办者利益与教职工利益间的相对平衡，预防、减少和化解劳资纠纷，促进学校的民主管理和秩序稳定，谋求社会公共利益的最大化。

这里需要强调一点，法人治理结构本身是一个从经济组织管理中借用和延伸的概念和管理制度，这一制度的实质是所有者与经营者的合理分离和分工，下面很多讨论会涉及这一问题。联合国教科文组织早在1972年发表的《学会生存——教育世界的今天和明天》报告中指出："最近的各种实验表明：许多工业体系中的新管理程序，都可以实际应用于教育，不仅在全国范围可以这样做（如监督整个教育体系运行的方式），而且在一个教育机构内部也可以这样做。""在反对全盘照搬工商业管理理论的同时，我们不能错误地认为，这些管理对教育管理毫无价值"。教育管理本身就是一门兼收并蓄的学问，高校作为独立的法人组织，享有充分的办学自主权，这一点与我国目前的公司制度有相似之处。他山之石，可以攻玉，对公司内部管理制度的研究成果可以作为我们研究高等教育的一个重要的参考。当然，大学与企业不同，办教育与做产品是完全不同的两码事。我们在参考企业管理规律和经验的同时，也不可以照搬照套，而应从实际情况出发，尊重高等教育的发展规律和管理需求，以免走入高校管理体制研究的误区。

三、创新高校的法人治理结构

我国高校是在高等教育市场供求矛盾十分突出的背景下自发地发展起来的，政府既没有预先制定法律引导，也没有发展的具体政策，更没有具体的规划和安排。高等教育依托市场在公办高等教育一统天下的夹缝中艰难地发展成长，具有非常突出的自

第七章 民办高校管理体制改革和创新的思路

发性、随意性和机遇性。据笔者了解的情况,全国教育事业发展规划,直到"十二五"期间才有明确的"高等教育发展规划专项",该专项是笔者中标承担的。高校自发性的特点,在管理体制的探索方面也同样存在,发展初期并没有明确的内部管理模式可供参考和借鉴。笔者一直强调的观点是,正如我国现代高等教育与古代高等教育没有直接继承性一样,改革开放以来发展起来的高等教育,与1949年新中国创建前后的私立大学之间也没有任何的联系和继承,与古代历史上出现的私学、书院更无关联。多年以来特别是近几年来,许多学者大量引进和研究国外私立大学的管理体制构架经验,试图说服政府部门接受西方私立大学普遍实施的以"董事会领导下的校长负责制"为核心的"法人治理结构"的管理模式,但是在具体内涵的构架上,却生搬硬套,认同度不高,不具操作性。

关于高校的管理体制,尽管学术界很早就开始了法人治理结构的研究,也有的高校早就开始了董事会领导下校长负责制的尝试,但是从国家法律法规层面来看,在高校恢复办学的很长时间里都没有出现"法人治理结构"的提法。据考察,在《民办教育促进法》及其实施条例、教育部25号令以及国务院办公厅[2006]101号文件中,均未看见"法人治理结构"的字样。直到2010年下半年颁布的《国家教育规划纲要》中,才提出要"完善学校法人治理结构",似乎高校管理体制正在逐渐向企业组织引入的法人治理结构靠近。但是,本书认为,高校与企业组织的功能差异很大,其法人治理结构的形式和内涵也应该有所差异。中国高校与国外私立大学的发展历史、发展环境和发展规范也不相同。简单照搬外国私立大学的内部管理模式也不能完全符合我国高校的实际。

第一,从高校与企业组织的目标或价值取向来看。毫无疑问,高等教育的阶级性、社会性、政治性始终是影响高校办学的重要因素。根据高等教育发展的外部规律,高等学校办学行为不仅要受到社会政治的制约,而且还通过发挥政治功能为特定的阶级和社会服务。高校也不能例外。从这一点出发可以明显看出,高校与公司企业的法人治理结构在价值取向上显然存在着明显的区别,后者以追求股东及公司经济利益最大化为主要目标甚至是唯一目标,社会效益只是其在追求经济利益时需要考虑的一个外部环境因素,而高校则必须与社会主义的教育目的相符合,以培养社会主义事业可靠的接班人和现代化事业合格的建设者为使命,办学行为应以符合社会主义方向为基本出发点。构建高校法人治理结构时,必须充分注意高校办学行为的政治性。高校举办者不能过分单方面强调办学的功利性。即使是投资性质的高校,也要把人才培养的质量放在首位,经济利益只有在较好的社会效益的基础上才能持续取得和保证。而社会效益的持续取得和巩固有赖于全体利益相关者的努力。因此,学校运营必须满足不同利益相关群体的要求,而不同利益相关群体往往拥有不同的(甚至是此消彼长的)利益。

第二,从高校与企业组织的运行管理来看。公司作为企业实体,一旦登记成立,只要合法经营和照章纳税,政府就不可能干预具体的产品和业务。除少数生产涉及国计民生保障产品的企业以外,生产什么、生产多少、销到哪里,都由企业自己说了算。然而高等学校则不同。作为人才培养的主阵地,国家不可能对其放任自流。高校的工作常常被纳入意识形态领域,人才培养的条件、层次、水平和质量,政府相关部门随时可能介入评估和问责。在招生计划、专业设置、学科发展、队伍建设、校园稳定等方面,学校也将受到政府宏观规划的更大程度的约束。虽然我国高校具有较大的办学自主权,但是无论如何政府对于直接关系着国家未来命运的高等教育的管控是不可能像对公司那样完全放开的。政府与高校之间的关系并非政府与企业之间的关系可比。相比之下,政府与高校之间的联系非常日常,非常紧密。也就是说,高校的办学自主权始终是政府管控下有限的自主权,因此高校法人治理结构的运行机制必须充分考虑与政府管控的恰当衔接和协调。

第三,从高校与企业组织的产权的规定来看。高校的产权制度与企业的产权制度具有很大的差异。企业的产权规定是清晰明了的,谁投资谁所有,谁举办谁得益。但是高校的资产在学校存续期间与投资者之间是分割开来的。投资办学一旦成立,投入学校的资产就必须"过户",归学校法人所有。从获益方面来说,也没有直接的关联性。即使是"合理回报",也要做很多的扣除,经过繁杂的流程审定以后才能实行,从操作的层面来看,实际上也很难到位。产权是法人治理结构的基础。产权运行形式的不同,法人治理结构就难以一致。

第四,从高校与企业组织法人治理结构的形式和方法来看。企业法人治理结构是以股东会为逻辑起点,由股东会产生董事会并由董事会聘任职业经理,由职业经理负责公司的运行,辅以成立监事会,对董事会和总经理行政管理系统行使监督权。但是从目前高校的实际情况来看,个人股份制学校几乎不存在,也就没有股东会一说。迄今为止我们也没有听说哪所高校成立了股东会。同时,尽管一些文件提出要求高校建立"监事会"制度,实践中也有高校进行探索。但是,由于举办者直接掌控董事会,使监事会"独立地行使对董事会、校长等高级职员及整个学校管理的监督权"的职权和作用

第七章 民办高校管理体制改革和创新的思路

落空。在目前的选拔和运行状况下,监事很可能成为举办者请来"帮腔"的雇员之一。从董事会的组织方法来看,学校董事会与公司董事会也有所不同。首先是从董事会的产生过程看,学校的董事一般由创办人选聘,而公司的董事由股东大会选举产生。相对来说,企业董事会的组织方法和流程比较严格,高校董事会的组成相对比较随意。从董事会的组成人员的身份看,学校董事会的董事不一定由出资者组成,知名人士和对教育有经验者也可以成为董事会成员。可以说,几乎每个高校都有校外人员担任董事,聘用这些校外人员的社会关系和从业背景更有利于学校的发展。而公司的董事,目前在我国并没有强制性要求独立董事,所以公司的董事大多是在股东之中产生的。

第五,从高校与企业组织人力资源的构成性质来看。高校的教师与企业职工具有很大的不同。相对来说,高校的人力资源以教师为主体,是学校所有资源中的精华。"所谓大学者,非谓有大楼之谓也,有大师之谓也。"教师是高校教学、科研工作的主要承担者,也是学校发展目标实现的关键。调动广大教师的积极性、主动性和创造性,对于学校的稳定和发展意义重大。充分发挥教职工代表大会的作用,通过对学校工作实行民主管理,调动教职工办好学校的积极性和创造力,使广大教师真正成为教育改革的参加者和实践者,事实证明是高校办学成功的关键。正因为如此,《教育法》《高等教育法》《教师法》等法律都强调了教职工代表大会的重要性。《教育法》第三十条规定:"学校及其他教育机构应当按照国家有关规定,通过以教师为主体的教职工代表大会等组织形式,保障教职工参与民主管理和监督。"鉴于此,高校的内部法人治理结构制度设计,就不能不考虑到教职工代表大会的地位。

第六,从高校的特定的条件来看。由于我国还将长期处在社会主义初级阶段,高等教育改革和发展的任务还非常艰巨,高校也还正处于发展的初级阶段,有许多问题有待探索与完善。因此,必须从我国高校的实际出发,从有利于促进高校健康、稳定和可持续发展的目标出发,实事求是、因地制宜地构建高校法人治理结构。高校法人治理结构的建立和完善只是为高校运行机制的高效提供了制度保证,但它没有也不可能解决所有的问题。"而引进企业管理的理念来管理学校,虽有积极意义,但也容易导致单纯使用利益激励和薪酬激励方式,不但不符合教师工作特点和教师的激励要求,而且不符合学校管理人员的特点和激励要求。"

以上从六个方面分析了高校与企业组织在法人治理结构要素上的区别。研究高校管理体制的改革和创新,我们不难理解,这只是一个手段而不是目的,也不是出发点。研究、探索和追求高校管理体制的创新,其目的无疑是探寻高校增强市场竞争力的路径,更好地履行高校的自身使命和职责。因此,高校管理体制的改革和创新,既要考虑到高校办学体制的特殊性,更要服务和服从于高校的管理规律和育人规律。实际上,高校教育本质上是培养高层次人才的社会活动。与企业活动相比,既有共性的地方,更有质的区别。企业活动是以营利为主要目的,追求经营利润,而高校教育更侧重于人的成长,注重社会效益。两者在组织价值和目标上具有本质的区别。企业生产活动是以"物"的生产为直接对象的,而高等教育是将有意识的人作为直接对象的;企业活动的"顾客"比较单一,是产品或服务的直接消费者,而高校活动的"顾客"比较复杂,学生、家长、用人单位都是顾客。"物"的生产可控性较强,按同样程序和工艺大体能产生相同的结果,而"人"的培养过程十分复杂,教育模式、课程设计、校园文化以及学生自我"生产"能力等都起着很大作用,教育是诸多非可控因素共同作用的过程。从两者的本质而言,高校与企业组织的管理不可能如出一辙,照搬照套。

特别需要强调的是,根据现有制度安排,高校的办学目标或价值取向,其政治职责的保障是由学校党委来承担的。与国外私立大学管理制度的办学历史、制度建设和发展环境不同,我国高校办学历史短,管理制度尚待探索,构建管理体制还必须考虑到它与政府管理之间的适切性。由于长期以来公办高校实行的是党委领导下的校长负责制,政府与高校之间的沟通更习惯于发挥党组织的作用,与政府管控的恰当衔接和协调中,党组织的专长更符合这一角色。同时,学校是一个学术单位,崇尚民主自由,鼓励知识创新,办学成功有待于每一个教职员工特别是教师工作积极性的发挥。高校是不同利益相关者在实现学校发展的目标的同时实现各自合法权益要求的共同体,法人治理结构应该充分考虑这一本质特征。综合以上观点,可以得出这样的结论,我国"高校的法人治理结构"不应该是"企业法人治理结构"的简单套用或延伸,也不能简单地照搬国外私立大学的管理体制。以往高校法人治理结构研究中不恰当地混用概念,不区分高校和企业组织的差别,不区分我国高校与国外私立大学的差别,笼统而片面地强调"法人治理结构"的构建和运行,是脱离我国高校具体实际的。因此,高校的法人治理结构不能照搬照套企业法人治理结构的组织形式,也不能照搬照套国外私立大学的法人治理结构组织形式。而应从国情出发,从高等教育的基本规律出发,从有利于高校育人的使命和责任落实出发,从高校管理的特殊性和需要出发,从有利于处理高校与政府关系着眼,正确处理市场机制运用与高校育人规律之间的关系,构架符合实际的高校法人治理结构。实际上,从国外私立大学的现状来看,日本地区私立大学都建立了监事会制度,从研究来看作用都不明显,教育管理机关经常埋怨私立大学监事会制度"形同虚设",很不得力。基于这些研究分析,本书提出现阶段中国高校法人治理结构的概念,其核心表现形式是"董事会—校长—校党委—教职工代表大会"四位一体的法人治理结构,以区别于"股东会—董事会—经理—监事会"的企业法人治理结构和国外私立大学"董事会—校长—监事会"的内部管理模式。从形式看,这里是将法人治理结构中的监事会职能和责任纳入高校党委会职责之中,同时增加了以教师为核心的教职工代表大会职能,个中体现的却是学校与企业的差异和办教育与搞经济的本质区别,体现的是中国高校与国外私立大学生存和发展环境的本质差异。

四、董事会决策制度是高校法人治理结构的核心

所有权和经营权分属,举办者和经营者分离,决策者和执行者合理分工,是委托—代理理论的基础,也是法人治理结构的主要内容。高校法人治理结构的外在形式就是董事会领导下的校长负责制。尽管我们对高校董事会的构架与企业董事会做了区别,但是丝毫不影响高校董事会发挥作用。董事会是学校的决策机构,对投资者负责,就学校发展的重大问题形成决策。校长带领的执行团队负责董事会决策的实施和学校日常工作的运行。在多种政策法规的规范指导下,董事会领导下的校长负责制已经成为我国高校领导体制的主要组织形式。尽管法律也允许别的决策机构存在,但从决策机构的形式上讲,目前高校在管理体制上大多数采用的是"董事会领导下的校长负责制"。

应该指出,董事会原是一个经济成分很浓的概念,随着它使用领域的扩大和使用频率的增加,在不同的领域获得了不同的含义,它所具有的内涵也不再仅仅是一个经济术语了。但是不管它被应用在哪个领域,董事会的建立代表着所有权和经营权的分离、所有者与管理者分设则是一个共同的要求。然而,我国高校由于其举办主体和产权结构的多样性和复杂性,所有权和经营权的分离并不像经济领域那样普遍。一方面,根据目前我国政府的制度安排,举办者对高校校产的产权只拥有其投入部分,办学过程中的增值部分和其他收入均不得作为个人所有。并且在学校存续期间,举办者投入学校的资产均应过户到学校,个人无法占有。同时由于我国高校的资产绝大部分来源于学校办学积余,滚动发展型高校占多数,因此所有权与经营权分开的界限本身有一定难度。另一方面,我国高校大多为个人办学,投资者大部分都是董事会的主导者,不像现代企业那样投资者(股东)大部分都不是董事会成员。许多办学者本身具有一定的高等教育办学经验和办学资源,因此董事长兼校长在高校也非常普遍。几乎找不

到高校投资者没有参加董事会的案例。在董事长兼校长的高校,董事长既是学校的举办者,是董事会主要领导,也是学校决策的执行者。

近年来,随着高校管理体制理论研究的不断深化和办学实践的积极探索,一些理论研究者提出,理事会、董事会应是两种适用于不同办学资金来源的高校的决策机构,采用董事会或是理事会,应根据高校举办的产权性质来决定。投资型高校以董事会为宜,以便更好地保护和发挥投资者的利益;滚动型(公益性)办学的高校拟议建立理事会组织形式为宜,并且提出董事会更侧重于举办者的发言权,而理事会更多地发挥理事会集体的智慧和作用。这个理论有一定道理。比如上海杉达学院、江苏三江学院、黑龙江东方学院等,都在探索和尝试。这种思考值得鼓励,但是这是问题的表面特征,不能决定问题的本质。我国台湾地区的私立大学都不允许营利,然而决策机构却一律称作董事会。美国无论营利非营利的私立大学决策机构均称作董事会,如此可以看出机构名称本身并不影响学校的办学性质,关键在于董事会职责的制度安排。鉴于本书研究的时限性和目前大多数高校的办学实际,本书没有能够在这方面详细展开。为研究方便,在本书的相关叙述中,董事和理事、董事会和理事会这两对概念作为同义语使用,未做区分。

高校管理体制应与举办模式相适应。以美国私立大学为例,由于近几年来营利性大学的大量增加,出现了由高等教育公司(通常为集团公司)开办并直接管理的各种类型的高等教育机构——营利性私立大学,由于办学的目标和诉求与传统的私立大学差异很大,因此在管理体制上就采取了与传统私立大学管理体制不同的集权制的运行模式,实行紧密型的董事会领导下的校长负责制,学校权力中心向投资母公司转移。营利性大学内部设有董事会,但董事会成员由母公司任命。董事会是大学的最高决策机构,能够制订大学发展政策、任免教师、选聘校长、管理学校资产,对应该上报的所有事情具有最终审判权。营利性大学采用股东型治理结构模式进行运营,它的一个特点就是员工拥有对公司的所有权,教师、院长、校长,甚至是注册主任、招生代表,他们常常都持有大学股票。当员工通过股票所有权关系变成大学投资者时,他们就会对教学事务产生风险意识,对企业的财务业绩也会有风险意识。当大学赢利时,每个股东都会分到利润。营利性大学实行校长(经理)负责制,校长的身份相当于企业的老板,校长的职责一部分是学术领导,一部分是商务管理者,其工作重点通常放在后者。学校内部的权力集中在校长一个人手中,员工之间的联系比较松散。营利性大学的权力运行模式主要采用集权制。组织控制更多地通过行政命令的方式实现,更注重管理的宽度和管理层次的衔接,保证权力的权威性。

近年来我国高校在营利性管理方面也有许多事实上的政策松动,高校的办学目的和诉求开始发生变化。根据高校投资来源和功能定位的不同,高校董事会应有两类不同的组织形式。在投资型高校,董事会是最高的决策机构,同时也是投资者产权利益的最高代表。在滚动型和捐资举办型高校,随着学校规模的扩大和办学职能的增加,董事会的作用也越来越明显,从某种意义上说,它也是各方利益的代表。

五、加强和健全高校董事会组织建设的重点环节

如上所述,从现有法律、理论研究和实践经验来看,完善高校管理体制的关键是建立高校法人治理结构,其核心内容是建立和完善董事会领导下的校长负责制。董事会是高校法人治理结构的上层建筑,是建立和完善高校法人治理制度的重中之重。因此,以产权结构为基础,建立完善董事会等决策机构建设,避免家族化管理在高校中的蔓延趋势,首先要从建设和完善高校董事会开始。"在非营利法人中,董事会是一切权利、权力、责任、义务的中枢。"本书认为,当前和今后一段时间,高校董事会建设主要应抓好以下环节:

第一,必须正确认识董事会的作用和意义。

研究表明,在许多高校,普遍对董事会建设观念淡薄,认识不高。在一些高校举办者看来,建立和健全董事会将使高校多一个管理层次,从学校运作来看,既增加人员和经费,又影响工作效率。既然高校是市场办学的产物,就应该让高校有更多的自主办学空间和更高的工作效率,尽量减少工作层次和环节。基于这样的认识,董事会在一部分人的心中可有可无就不奇怪了。如前所述,在实际工作中,许多高校建有学校董事会是迫于应付对外、对上的需要,董事会往往是一个虚设的机构,作用发挥不够,从反面印证似乎董事会可有可无。从课题研究调查的部分高校来看,绝大多数高校机构简陋,人员随意,职责不明。一些高校举办者遇事首先想到的是在家人圈子里讨论,因此在家族化管理下的高校董事会几乎被边缘化。

董事会是高校法人治理结构的重要组织机构。从中外私立大学发展的历史和经验来看,董事会体制比较适合私立大学管理的特点,它能够极大地调动个人和社会组织投资高等教育的积极性,有利于提高全社会投资教育的整体能力,有利于促进整个社会对高等教育的关心与参与,形成社会化大教育格局,并从观念和政策上较好地解决资本的寻利性和高等教育的公益性之间的矛盾。同时,它有利于高校内部重要问题

的民主决策,使决策与执行相分离,形成相互监督、相互制约的内部管理机制,避免个别人或个别集团垄断学校的决策权,实现学校的民主自治;也有利于加强高校与社会的联系,广泛筹措办学经费,从而为高校持续发展提供一个制度保障。

建立健全高校董事会,科学合理地配置高校管理权力,是高校可持续发展的重要路径。随着高等教育大众化的不断深入,高等教育资源的稀缺年代已经过去,高等教育的买方市场已经形成,以办学质量和特色为内涵建设核心的高等教育竞争愈演愈烈,高校可持续发展面临严峻的挑战与压力。在大型化、大众化不断深入的背景下,高校科学决策、抓住机遇显得格外重要。单靠经验型、单一思维型或者家族型的决策显然难以满足高校可持续发展的要求。事实证明,建立和完善董事会不仅是必要的,而且是必需的。正是因为这个原因,国家将董事会作为高校的最高决策机构是有一定道理的。这一点高校的举办者必须加强认识,要从学校的长远发展全局来加强高校的董事会建设。

第二,必须确定合理的董事会人数。

关于高校董事会人数,根据有关规定:"学校理事会或者董事会由五人以上组成,设理事长或者董事长一人。"也就是说,高校董事会最少不得少于5人,其中一人为董事长。问卷调查表明,在45所高校的决策机构中,组成人员为5名的学校12所,约占26.67%;组成人员为7名的学校19所,约占42.22%;组成人员为9名的学校7所,约占15.56%;组成人员为11名的学校5所,约占11.11%;组成人员在13名(含)以上的学校2所,约占4.44%。可见,我国高校决策机构的成员一般在5~11人之间,其中又以7人为最多;但也有少数学校决策机构人数较多,如上海杉达学院和浙江树人大学理事会成员分别达到了15名和17名。根据国内外经验和高校的办学实践,本书认为高校董事会人数确定在9~13人为宜。一方面,董事会本身就是集思广益的机构,人员过少不利于董事会作用的发挥,另一方面,人数过少,覆盖面小,决策有偏颇,相关利益者的代表性难以体现,诉求反映难以保证。当然,董事会人数也不宜过多,以避免影响决策效率。确定高校董事会的人数,还要从学校的投资结构、学校的规模、办学的性质等综合考虑。

第三,必须确定合理的董事会人员结构。

对于高校董事会的构成,我国现有法律法规有一个原则规定:学校理事会或者董事会由举办者或者其代表、校长、教职工代表等人员组成。其中1/3以上的理事或者董事应当具有五年以上教育教学经验。从我国高校的实际来看,高校的董事会主要是

第七章 民办高校管理体制改革和创新的思路

由举办者、办学者和社会相关人员组成,教职员工代表参与的很少。

高校董事会的结构必须坚持多样性、合作性、专业化、高效性原则。多样性指的是董事会人员组成的代表性,应有各方面的代表参加;合作性是指根据学校实际情况合理分配董事会成员比例;专业化是指要充分考虑到学校董事会与企业董事会的不同;这是一个知识密集的组织,要让熟知高等教育的人在董事会中占多数,以提高决策的科学性和高效性。董事会人员构成多样化,是国外很多私立高校的通行做法。据1991年美国私立高校董事会联合会的调查,14%的董事会中本校教师拥有表决权;10%的董事会中学生董事拥有表决权;38%的董事会有由校友或校友会指定或任命的校友代表;35%的董事会有由办学教会选举或任命的成员。

本书认为,高校董事会应当至少由六部分人员组成:(1)举办者或其代表,其主要职责是筹措并监控学校教育经费,负责学校发展的重大事项决策,保证学校的正常运行;(2)校长,其主要职责是遵循教育、教学规律,依法行使职权,创造性地贯彻执行董事会决议;(3)党组织负责人,其主要职责是宣传贯彻党的教育方针,保证学校正确的办学方向;(4)教职工代表,其主要职责是反映广大教育者的利益诉求,维护各方面的合法权益;(5)社会专业人士(含校友代表),其主要职责是反馈社会需求信息,提供决策咨询意见,并指导学校改革和发展方面的重大事项;(6)学生或家长代表,其主要职责是董事会与社区、学生家长群体之间的联系沟通。

高校董事会成员结构的另一个问题是举办者代表的比例问题。高校董事会不能像企业董事会那样完全由出资者组成。借鉴国外私立大学的经验,董事会中熟知高等教育的专家教授需有一定的比例,还要有教职员工代表参加。出资者的投入大小与利益关系要由资金运行条例去规定,而不能完全由董事会成员比例来决定。校长应是董事会的当然成员,这有利于学校工作情况与董事会的沟通,有利于董事会决策反映学校实际,有利于把校长的智慧融合到董事会的决策中去。但校长不应兼任董事长,如果那样,就不是完全意义上的法人治理结构。如果校长更适合于担任董事长,则应另聘校长。另外,根据教党[2006]31号文件的规定,高校的党委书记应该进入董事会,这有利于党委作用的发挥。

本书认为,举办者或投资方代表的比例一般以不超过1/3为佳,以防止董事会的注意力过于倾向投资者的利益,避免家族控制高校内部事务,损害高校的教育教学质量和相关者利益。我国台湾地区的《私立学校法》规定,"董事相互间有配偶及三亲等以内血亲、姻亲之关系者,不得超过总名额三分之一",提出"私立大学举办者直系亲属在董事长和校长之间只取其一"的规定。江西省和陕西省的相关规定也强调,举办者家族成员在董事长和校长两个职务岗位中只能取其一。为避免我国高校家族化管理的蔓延,这个规定值得关注。

借鉴国外私立大学管理的经验,必须充分注意董事会成员的专业性和成员代表利益的多样性。专业性是指选聘的董事要真正理解教育,掌握教育发展的特殊规律,特别是要熟悉我国高等教育发展中的特殊环境、矛盾和问题,这样才能在董事会中为学校的发展做出科学的决策。研究中发现,一些高校董事会和校长之间矛盾尖锐,主要原因在于董事长和校长之间差异性很大,双方"没有共同语言"。比如,广东某高校董事长,在办学资源已经非常紧张的状态下,仍要求校长竭尽全力扩大招生,使得校长与董事会之间的矛盾越发凸显,最终导致高校陷入发展危机。高校董事会应该增加专业人士的比例和话语权,以确保学校遵循高等教育规律办学。学校理事会或者董事会1/3以上的理事或者董事应当具有五年以上教育教学经验。江西等省市的相关规定是"决策机构中一半以上的成员要具有5年以上教育教学经验"。从高校当前的实际来看,本书认为高等教育专家占董事会的比例至少不得低于3/5。办大学,有其自身的规律,领导层首先应该遵循高等教育规律,在"什么是大学、大学干什么以及大学该怎么办"等哲学层面的问题上有比较统一的认识。如果董事会成员中真正懂得高等教育发展规律的人太少,势必导致董事会的决策偏离办大学的轨道,不仅决策中可能产生过度的功利行为,在校长等校领导遴选中,对什么样的学者可以做校长也不可能有充分的发言权。另外,高校还可以吸收一些热心教育事业、熟悉高校运作、品行端正的社会人士作为独立董事,以提高决策的独立性、公正性、公益性和科学性。

大学的主体是教职工和学生。教师是学校教学工作的主体,也是搞好学校工作的根本,教师在学校管理中应有一定的发言权。我国资本集聚度低,高校直接投资少,许多学校投资没有到位。正如东方学院领导所言,高校的投资者实际上是广大学生家长。因此,高校董事会应有教师代表和家长代表。教师代表代表的是广大教师的根本利益,应由教职工代表大会选举产生。学生是大学的顾客,大学提供的服务质量如何是学生家长最为关注的,家长也应有相应的代表。当然,家长代表的产生办法可以协商。另外,校友是高校办学的重要资源。校友提供人才培养的信息,提供办学的经费资助,提供学生实习和就业的机会,董事会成员中如有校友代表,有利于高校更好地发展。

另外,现有法规仅规定董事、董事长任职资格的积极要件,而没有规定消极要件,即规定哪些人可以担任,没有规定哪些人不可以担任,这也是不完整的。学校的立法还应明确董事、董事长人选的禁止性规定,以避免因为董事会人员素质差异过大造成的交流困难与管理违规,把好董事会成员的"入场券"这一关,这将消除高校发展中来自董事会组成的障碍和隐患。

高校董事会的董事长由谁担任?这个问题在国家层面尚未找到依据。江西省发布的一个相关文件提出"高校的决策机构应依法行使职权,其负责人由举办者或投资方代表担任"。《中共安徽省委安徽省人民政府关于进一步加强和改进高校工作的若干意见》也提出:"高校的理事会或董事会必须严格按照《教育促进法》及其实施条例有关规定行使决策权。理事长或董事长由举办者或投资方代表担任。"可见,高校董事长由举办者或投资方代表担任已成惯例,同时也体现了投资办学者经济利益保障的需要。

关于高校法人代表的人选问题,现有法律认为董事长或校长都可以担任。本书认为应根据高校性质来确定,投资性质的高校,为更好地体现和保护投资者的权益,法人代表应由董事长担任为宜,而非营利性高校则由董事长或校长担任均可,从理顺关系、方便工作来看,校长兼任法人代表可能更合适。

还有就是高校董事会成员的任职年限和是否连选连任问题。我国目前法规对校长任职年龄做出了"不超过70周岁"的规定,但是对于董事长和董事的任职年限没有任何约束,法律、法规也是空白。目前董事会成员大都是实行举办者委任备案制,比较迁就举办者的利益。韩国和日本的私立学校法律都规定了董事会成员的任职年限。从我国高校今后发展的管理来看,还是明确比较好。

第四,必须明确董事会的工作职责。

我国《教育促进法》等相关法律基本明确了高校董事会的主要职责,从国家法律层面规定了高校董事会的基本职能,为高校董事会开展工作提供了法律依据。相关问题已做过论述,这里不再展开。需要强调的是董事会的筹资职责相对来说都较为薄弱,很多高校章程都没有涉及。充足而丰裕的经费是一所大学的核心竞争力所在,经费匮乏,一切无从谈起。国外私立大学董事会的重要功能是源源不断地为学校筹集办学经费,甚至美国许多公立大学的董事会也有筹集资金的职能和责任。办大学是百年大计。在大学组织崇高使命的驱动下,高校董事会有义务也有责任将培养人才、科学研究和社会服务等教育活动长期持久坚持下去,这也是投资者的利益所在。为此,高校

高等教育管理体制改革研究

大学董事会必须持之以恒地开展募集资金活动。当前我国高校董事会这一部分职能弱化,许多高校董事会并没有将筹资作为自己的重要职责,而是眼睛盯牢学费,担心自己被架空,大权旁落,热衷于与校长抢权。多数高校只是在建校初期得到社会投资,基本建设完成后就得依靠学费运行,甚至依靠学费积余完成基本建设或归还贷款的也不在少数,使得办学条件迟迟不能得到有效的完善,严重地制约了高校的建设和发展。因此,有必要强化董事会的筹资职能和责任,将提升学校吸纳社会资金和资源的能力作为高校董事会的重要工作目标。

加强董事会组织建设,关键环节是准确划分董事会与校长的职权。募集办学资金、聘任学校校长、组织学校决策是高校董事会最主要的职能。在学校运行中,董事会作为高校发展与运行的"大脑",要为学校的发展把握方向,进行战略决策。董事会领导下的校长负责制一方面确立了董事会在高校的领导地位,另一方面也确立了校长在高校的法人地位,它要求高校在董事会领导下,由校长独立地全面负责学校的行政工作。董事会应对高校的重大问题组织决策,提出目标和方案,对学校工作方向加以监督,但董事会不应事无巨细地参与前台指挥,否则就会越俎代庖,取代行政领导。董事会应充分尊重和发挥校长在学校工作中的重要作用,由校长在授权范围内独立负责地履行其职责。实际上,放手让校长履行职责,保证学校运行的稳定,促进学校的健康发展,也是包括董事长在内的全体举办者的利益所在。可见董事会领导与校长负责这两者之间的关系是相辅相成、辩证统一、不可分割的。

董事会要在实际运作中发挥作用,就需要处理好学校内部董事会和以校长为首的执行层的关系。董事会和校长之间的关系,实际上是决策层和执行层的关系。两者的运行规则是不一样的。重大决策要集中集体的智慧,强调制衡,不能一人说了算;执行性事务要提高效率,令行禁止,下级服从上级,强调个人权威,不能互相掣肘。处理好董事会和校长的关系,从董事会角度而言,需要将其自身建设成为真正的战略性委员会,保持宏观性、权威性和有效性,从而保证重大事项实现集体决策;从校长角度而言,就要转变观念,解决好对谁负责的问题。建立规范的董事会制度后,校长受董事会委托负责对学校进行经营管理,当然首先应对董事会负责。因此,决策权与执行权相分离,使董事会和校长各负其责,目标一致,既有分工,又有合作,避免双方工作职能交叉重合,避免双方工作内容出现重复或真空,是提高董事会运行效率和效果的必然要求。

日常经营中,董事会和校长的关系更多时候具体表现为董事长和校长的关系,特别是在个人或家族举办的高校中。客观上,一方面,董事长担心投资的效率、资产流失和学校运行中的不负责任行为的发生,另一方面,董事长更加关注投资的风险。实际上,从某种程度上说,校长也是董事长聘请的雇员,他的工作目标与董事会的目标应该是一致的。董事长应胸怀宽阔,高瞻远瞩,将更多的精力和工作重点放在把握学校的发展方向,进行战略决策和监督,以及学校领导的考核、监督上,而不应过多地陷于日常性的教学活动的决策和运行上。校长由董事会聘任,对董事会负责,执行董事会的决议,向董事会报告工作,负责主持学校的日常事务。两者合理分工,各归其位,各司其职,保证决策权和执行权相互分离,落实到位,有机运作。需要指出的是,有些学校的董事长习惯于兼校长。这种习惯是同设置董事会的原理相悖的,也不利于学校的发展,长久身兼两职于校于己无益。

另外,关于高校董事的权利和义务,实际上至今为止尚未看到相关明确规定。董事在执行事务过程中,应该有起码的责任和义务。高校董事会的董事和公司董事一样,必须尽职尽责,履行法律责任,管好各自事务。从工作职责落实考虑,也应做出明确规定。

第五,必须加强董事会的制度建设。

高校董事会制度是改革传统高等教育办学体制、管理体制、投资体制的重大探索。董事会是高校的最高决策机制,是学校管理决策和控制运行的重要机构。董事会制度的实施,体现了适应高等教育投资体制改革的高校管理体制改革的重大突破。实践证明,高校董事会在提高学校知名度、筹措教育经费、沟通学校与市场的联系等方面,发挥着越来越重要的作用。但是,高校董事会制度在实际运作过程中也出现了诸多问题,其作用和优势并没有完全发挥出来,家族化管理的趋势还在蔓延。究其原因,主要还在于董事会制度的不完善。

要更好地发挥董事会在学校发展中的作用,构建和完善高校董事会决策机制,关键是使董事会建立完善的组织制度和运行制度,使决策方式和方法科学化,决策程序和流程规范化,实行决策机构、执行机构和监督机构相互协调有序运转。前文已阐述,对于一部分家族成员担任学校领导或后代接班的现象,从个体的情况来看,也不能简单地说不行,有的成员学识、资历、水平都还不错,也有兴趣愿意为学校发展出力,关键是目前这样的决定和安排许多不是制度使然,提拔流程也不规范,教职工不理解,认可度低。因此加强高校董事会制度建设,推进董事会决策制度化,加强董事会决策的科学化和合法化,已经成为高校董事会建设中重要的基础工作。

根据相关法律规定和我国高校办学的实际情况,当前高校董事会制度建设要抓好以下几方面内容：

(1)制定董事会章程。高校董事会章程是高校董事会组织的依据和运行的规章。虽然目前有关部门已经提供了高校董事会章程样本，明确了章程的要素，但是一个科学的、与时俱进的章程的制定必须从实际出发，有法律依据，必须明确地规定董事会的组织方式和运行规则，设定权力范围，并且对学校管理中的宏观问题做出规定，以保证相关利益主体的权益，推动学校可持续发展，而这些问题不是将样本进行简单地移植和修改就可得到的。

这里提一下，在高校还应该有一个章程，就是学校章程，它实际上是高校内部管理运行的总规定。从现实情况调查来看，也已有一部分学校制定了这个章程，如浙江树人大学、上海杉达学院、湖南涉外经济学院等。但是从总体来看，制定学校章程的并不多，大多数学校采用的是两个章程合一的做法。从高校管理的实际出发，笔者认为这个问题今后还有研究和改进的空间。

(2)确定董事会的议事规则。董事会的议事规则是董事会章程的重要内容，之所以特别提出，是因为这个问题特别重要。许多高校董事会之所以作用不明显，主要是议事规则不规范。董事会的议事制度包括两方面，一是会议制度，二是表决制度。《教育促进法实施细则》中，规定了例行会议和临时会议。学校董事会每年至少召开一次会议。经1/3以上组成人员提议，可以召开临时会议。学校的董事会讨论重大事项，应当经2/3以上组成人员同意方可通过等等。从调研中反映的高校的现实情况来看，一年一次董事会普遍感觉太少。时间少、讨论问题不深入，甚至有的董事连表达意见的机会都没有，难以做到科学决策。另外，高校还可根据自己的实际情况，将事关学校发展的重大问题载入章程，如校长选拔方法等等，一些学校已经在探索中，值得关注。

董事会除按章程定期召开董事会之外，在董事会、学校之间要建立经常性的沟通工作情况的制度，以掌握董事会决议的执行状况和学校工作的进展状况，避免决策层和执行层两张皮的现象发生，为董事会决议的落实和新的决策提供坚实基础。

(3)建立董事会回避制度。董事对涉及自己相关利益的表决应当回避。特别是在涉及学校发展的重大问题及校长等高级管理人员的任免问题上，一般采取集体决策的形式，以体现决策的民主化。我国台湾地区的《私立学校法》规定，董事会议所讨论事项，如涉及董事或董事长本身利害关系时，该董事或董事长除必要之说明外，应行回避，并不得参与该案之表决。另外，为了提高决策的科学性，应明确董事的责任权利，按照少数服从多数的原则，采取一人一票的方式进行表决，并建立董事会决策责任追溯制度,形成集体决策、个人负责的民主决策机制。

日本《私立学校法》规定私立高校应设有理事会和评议会。理事会由5人组成,理事长总揽学校法人内部事务,但所做决策和重要决定要经董事会半数以上的同意。同时规定,董事和评议员不得由配偶或一名以上三代以内的亲属出任。我国台湾地区也明确私立高校的董事会和校长,不得由家族三代以内的亲属(含直系和旁系)同时担任。这些规定虽然主要是针对非营利性私立大学,但也值得我们关注和借鉴。

第六,必须建立和健全董事会的监督制度。

董事会是高校的最高决策机构,拥有相当大的权力。但是"任何有权力的人都容易滥用权力",机构也不例外,因此需要对董事会进行监督。国外很多国家的私立高校董事会的权力是受到制约的。如美国私立高校董事会虽是最高权力机关,但学校行政权力属于以校长为首的行政权力组织,学术事务则由教授会负责,董事会既不参与学校的具体事务也不能对具体行政和学术事务进行干涉。而在日本,根据《私立学校法》第35条规定,学校法人必须设置两人以上的监事,私立大学的监督工作也是由监事会来具体执行的,并规定监事不能兼任理事或学校法人,职责在于监察学校法人的财产状况和理事的工作情况,若发现有违法之处,有义务报告主管部门或评议会。我国台湾《私立学校法》在有关私立学校监督机构的设置上也有类似的规定,不过台湾不叫作"监事",而是叫作"监察人"。

我国高校董事会的监督制度尚未健全。一方面,迄今为止对高校董事会的监督还没有足够的重视,直至《国家教育规划纲要》,才提出"逐步推进监事制度"的工作要求。另一方面,如何推进还是空白,有待探索。

本书认为,建立高校董事会的监督制度是重要的,关键是监督什么？谁去监督？如何监督？前文已提出我国高校法人治理结构的新模型,将高校董事会的监督职能纳入高校党委会。这里稍作展开阐述三个主要方面的理由:一是就高校实际来看,董事会成员实际上是举办者提名备案制,监事会的提名可能还是这样,其本身难以发挥作用,意义不大,并且增加一个机构和相应人员,肯定还会增加开支。二是根据相关文件精神,各地大多实行了向高校派遣党委书记的制度。规定党委书记身兼督导专员,并明确了高校党委书记的主要职责:(1)坚持社会主义办学方向,保证党的路线、方针、政策在学校的贯彻执行;支持学校决策机构依法办学,支持校长依法管理,参与学校重大问题的研究决策;充分发挥党委的政治核心和监督保证作用。(2)主持召开党委会。按照民主集中制的原则,对重大问题组织讨论,并负责检查党委决议的贯彻落实情况。

(3)抓好党的思想、组织、作风和制度建设,抓好党员教育,充分发挥各级党组织的战斗堡垒作用和党员的先锋模范作用。(4)负责组织党委中心组学习,召集党委民主生活会,加强党委一班人的自身建设。(5)做好学校党务干部、团的干部和工会干部的选拔、教育、培养、考核和监督工作。(6)组织拟订党委年度工作计划、总结、报告和相关规章制度。(7)定期向党员大会报告工作。而高校督导专员的主要职责是:依法对所驻高校的工作进行督导、督学和督察。监督学校贯彻执行有关法律、法规和政策;监督、引导学校的办学方向、办学行为和办学质量;参加学校发展规划、人事安排、财产财务管理、基本建设、招生、收费退费等重大事项的研究讨论;向政府主管部门报告学校办学情况,提出工作意见和建议;承担政府有关部门规定的其他职责。中共陕西省委教育工委、陕西省教育厅《关于向高校选派党委负责人(委派督导专员)实施办法》(陕教工干[2007]72号)也规定,高校督导专员行使下列职权:(一)监督学校贯彻执行有关法律、法规、政策的情况。(二)监督、引导学校的办学方向、办学行为和办学质量。(三)参加学校发展规划、人事安排、财产财务管理、基本建设、招生、收退费等重大事项的研究讨论。(四)向委派机构报告学校办学情况,提出意见建议。(五)有关党政部门规定的其他职责。可以看出,党委书记和督导员的职能实际上已经包括了监督职能。三是由党委会承担监督职能,体现了中国共产党领导下的高校内部管理的一个特色。将监督保障职能融入党的工作,将贯彻社会主义高等教育的政治方向、党的方针政策与高校的办学实际相结合,并保障各利益相关人的利益所得,保证高校内部和谐,能够使党在高校中的政治领导进一步落到实处。因此,笔者并不认为当前在高校中实施监事制度是必要的。

第三节　加强校长团队建设,提升高校决策执行力

校长是大学的灵魂,纵观世界优秀的私立大学,无不与它们优秀的校长相关。他们先进的办学理念、丰富的管理经验、高超的管理能力,与优秀大学的品牌一起载入史册。从世界著名大学发展的历史中,我们不难看到这些杰出校长的印迹。优秀的大学为杰出校长的成长和成功提供了舞台,而优秀的校长也铸造了优秀学校的辉煌。

根据现有法律规定,我国高校实行董事会(理事会)领导下的校长负责制。因而从法律及行政意义上来说,校长即为高校最高负责人,对内负责学校的领导与管理,对外

第七章 民办高校管理体制改革和创新的思路

代表学校处理与上级部门、社会的关系。因此,确立校长地位,发挥校长作用,高度重视校长团队的建设,加强高校校长相关制度建设,是高校内部管理改革和创新的关键。

一、确立校长的地位,高度重视校长团队建设

我国有关规定明确提出高校实行董事会领导下的校长负责制,这个规定确立了校长在高校中的法律地位。高校校长的地位体现在两个方面:其一,从董事会的职权看,董事会对学校的管理基本上可定位为外部管理,亦即对学校内部的事务大多不负直接管理之责,这决定了校长才是学校最主要的内部管理机构,对学校的管理承担最主要的职责。其二,从董事会组成人员的条件与资质看,董事会多数是由校外人员组成,除校长这类当然的董事外,其他均没有教育专业背景的要求。由此可见,即便董事会想要对学校的教育教学与行政事务直接实施管理与控制,也将因为专业能力的限制而无法落实,因而,董事会最终也只能是主要通过选拔任用校长来实施对学校的最高决策权。从这个角度说,校长甚至就是张维迎所说的最应该掌握学校控制权的人。

校长是学校行政管理工作的中心,校长的品行和素质直接关系到教学质量,校长的能力和水平决定了学校的健康发展,是一所学校能不能办好的决定性因素。尤其是在当前政策环境尚待完善的背景下,高校校长的作用尤其重大。由于自筹资金、自主办学、自求发展,投资方对学校有关重要管理决策的意见,往往在董事会的决策中起到决定性作用。校长一方面要遵循高教规律办学,保证学校的办学方向和质量,另一方面还要顾及投资者的利益,保证学校重大决策的落实。另外,由于政府对高校的财政与政策支持有限,大多数高校要依靠学校经费运行,甚至要努力增收经费用于学校归还贷款或滚动发展。其校长通常被要求具备全面的发展管理经营素质,不但要办好学治好校,而且还要领导学校经受市场化的考验。从这个意义上说,对高校校长的要求更高。"高校校长必须依法独立行使教育教学和行政管理权,认真履行《民办教育促进法》第24条规定的各项职责,对国家和社会负责,肩负起培养人才的历史使命。校长应当对学校和学生、教师负责,维护相关方面的合法权益;同时也要为出资人和决策机构负责,共担发展责任和办学风险。"因此,举办者应该高度重视校长的聘用,赋予校长应有的权力,加强校长队伍建设,保证学校的可持续发展。

但是,迄今为止国家层面关于高校校长队伍建设尚未有系统的专门文件。对高校校长队伍建设的要求条款散见于一些文件中,并且文字不多,规定不系统,不全面。教育部下达的第一个关于高校校长队伍建设的专门文件是2009年《关于高校校长变更

(连任)核准有关规定的通知》(教发厅[2009]3号文)。但文件的内容主要限于高校校长变更(连任)的程序和流程,与系统全面的高校校长队伍建设内容还有很大差距。值得一提的是黑龙江省在贯彻这一文件精神的过程中,专门下发了《关于加强我省高校校长队伍建设的意见》,除严格明确高校校长的核准程序和各项职责外,还提出了建立校长培训制度,即通过组织高端培训、国内考察、国外集中培训等活动,使高校校长牢固树立忠诚于党的民办教育事业的信念,成为民办教育事业的专家,忠于职守,敬业克己,成为民办教育工作者的表率和楷模。并明确要把高校校长培训纳入全省高校校长培训计划,在校长培训基金中按一定比例安排给高校,民办教育发展专项资金项目安排中优先安排校长培训,建立高校校长培训基地等等。通过培训来提高高校校长的政治素质和业务管理能力。据了解,这是我国高校恢复办学以来各省市自治区下发的第一个关于高校校长队伍建设的专门文件,值得关注。

二、明确校长任职条件,完善校长的准入制度

鉴于高校校长的特殊作用和地位,有必要从宏观层面(国家或区域)上制订既体现高校特殊性,又相对统一可操作的高校校长资格标准,明确高校校长的基本素质要求。教育部办公厅《关于高校校长变更(连任)核准有关规定的通知》(教发厅[2009]3号文)提出,高校校长的任职条件是:(1)具有中华人民共和国国籍,在中国境内定居的公民,具有政治权利和完全民事行为能力。(2)身体健康,年龄不超过70岁。遵守宪法和法律,热爱教育事业,具有良好的思想品德。(3)应具有大学本科以上学历,副高以上专业技术职称,10年以上从事高等教育管理的经历。文件还规定,"本通知所指高校为教育部批准正式设立的民办本科学校、民办高等专科学校和独立学院(以下简称学校)。上述学校的校长(不包括副校长)变更,须经学校董事会(理事会)2/3以上组成人员同意,省级教育行政部门审核后,报教育部核准。"这里明确的是"核准",而不是备案,这就规定了高校校长任命的最终确认权在教育部。文件下发以后,全国大部分省市教育部门都转发了这一规定,有的省市对规定条文还做了一些补充。但是总体来看,这些规定针对性都不够强,操作中刚性不足,执行力度较弱。

陕西省社会力量办学管理办公室李维民曾从管理和研究的角度撰文提出:高校校长除应具备普遍意义上的领导能力、业务能力、写作能力、表达能力外,一般还具有以下特殊治校能力:

(1)战略思考与规划能力。战略思考与规划能力是高校校长科学决策的前提和基

础。时代的发展既要求高校的校长善于从宏观战略上做出合乎教育发展规律的前瞻性决策,又要求校长敏于从微观上做出合乎实际的科学部署。校长须以高瞻远瞩的视野,纵观高等教育的发展趋势、潮流和改革动态,把握高等教育的发展变化与方向,在教育产业、教育经营、教育创新等方面做出符合时代潮流的战略思考。在此基础上,依据现代教育观和丰富的实践经验,筹划治校方略,构建学校蓝图。

(2)资源整合与运作能力。高校的资源主要来自社会自筹和社会整合。在现阶段,高校的经费主要依靠收取相当于教育成本的学费,来源少、数量小,不足以支撑高校的发展需要。国家又没有投资,社会捐赠也近乎为零,真是"巧妇难为无米之炊"。高校校长面对这样的现实,如何取得教育资源就显得十分重要。经营学校首先要有市场意识、资源意识、投资意识和效益意识,要对各类资源进行合理配置和运筹,对人力资源、物质资源和品牌资源合理开发,把学校产品、学校资产和学校资本有效组合,通过合法有效的经营以获取社会效益、经济效益和办学效益的最大化。校长不仅要善于将校内相关教育资源加以整合利用,更重要的是要积极吸纳、开发并利用社会资源,将其转变为教育资源。即通过借势、造势与融势,巧妙组合,虚拟合作,实现资产增值,提高三个效益。

(3)动态管理与组织能力。高校校长有极强的适应市场变化的能力,以变应变,以动制动。校长在学校的管理工作中,普遍引入市场机制,依市场变化而变化。坚持以需求为导向,以激励为原则,以竞争为核心,以效益为取向。许多校长已由传统的"刚性"管理向"柔性"管理过渡,向"人性化"管理转移,以最终达到"无为而治"的最高管理境界。

高校校长除应具有一般定义上的行政管理、教学管理、后勤管理和组织能力外,特别在领导班子管理、教职工队伍管理和学生管理方面更应具有特点和优势,最好能在确立自身绝对权威的前提下,有机地进行组合与协调,最大限度地调动每个人的积极性,挖掘每个人的潜能,做到组织的最优化、效能的最大化。

除此之外,根据当前我国高校校长岗位工作的环境和要求,个人对高校校长必备的素质也有一些见解。第一,要有崭新的适合高校发展要求的办学理念。由于办学体制和环境的不同,高校校长需要有更为先进的贴近高等教育新发展的办学理念,能够开展院校研究,高瞻远瞩,洞察未来,预见社会发展对高等教育和人才的需要,善于领导学校的改革和发展。第二,高校校长对高校的发展要有较高的认可和信念。如果缺乏这一点,高校校长缺乏工作的积极性和创造性,将难有作为。第三,高校校长还应具有较强的市场意识和善于将市场规律与教育规律紧密结合的能力,善于在激烈的市场竞争中发掘机会,发现空间,创造佳绩。第四,高校校长要有任期目标,要明确责任,具有极强的事业心、责任心和对举办者负责、对教职工负责的精神,用以鼓舞教职员工的工作积极性,让投资者放心。第五,具有完善的人格魅力和为教育献身的精神。高校校长也是师生的榜样和楷模,热爱学校,热爱师生,振奋精神,凝聚并带领全校教职员工积极工作,不断提高教育质量,处理好学校同社会的关系,努力吸纳社会资源,为学校的可持续发展创造条件。

学校在不断发展,学校的环境也在不断变化,因此,高校的校长任职条件,也是随着学校发展的进程动态提升的。选聘校长是学校的一项经常性的工作,与此相应,校长的选人和聘用制度也成为一项基础性的工作。

三、不断完善选任制度,确保校长的优选提拔

本书认为,高校选好校长至关重要,由于高校的办学目标、办学定位、办学动机等差别很大,因此对校长的遴选也应从实际情况出发。总体来看,校长遴选大致需要做四个方面的工作:一是需要一个什么样的校长,即遴选标准问题;二是在多大的范围内遴选的问题,即哪些人可以参加校长竞聘;三是由哪些人来主持遴选的问题,即遴选机构的组成问题;四是怎样遴选的问题,即遴选的程序和流程问题。至于各校中的具体要求,还可以根据学校的办学层次、办学类型、学科结构、办学特色和办学目标等要素加以补充。如许多民办本科院校要求提高校长的学历(学位)标准,有的民办工科院校希望校长具有工学基础,有的民办外语院校要求校长具有国外留学背景等,这些要求应根据学校的实际需要设置,在满足一般要求的前提下有所侧重,不宜一刀切。

国外私立大学董事会在校长选任和聘用上,都有一套较为完善的机制。成功的学校需要优秀的校长,优秀的校长需要完善的选拔、遴选机制。中国香港的几所大学之所以国际知名度上升很快,除了香港社会丰厚的资金支持以外,面向全球的校长遴选制度发挥了很好的作用。美国私立大学校长的遴选,也有较为严格的程序:一般是由校董事会任命成立一个遴选委员会,其人员由校董事会成员、教师代表、职工代表以及校友代表等组成;由遴选委员会制定候选人的条件,并通过各种媒介向社会公开,建立候选人圈;经层层筛选,最后由董事会以全员投票方式选出校长并公布结果。对照来看,我国高校校长的可选面较窄、遴选程序不完备、流程随意性较大,遴选的决策太单一,大部分是举办者个人"亲自"操作,董事会鼓掌通过,相比之下差距显而易见。

当然,高校校长选拔工作也有了一些突破。据报道,江苏三江学院在全国率先进行以教师为主体的教职工代表大会民主推荐校长和副校长的做法。学校制定了《三江学院校长、副校长的选拔、任用和管理办法》,按照规定提出符合校长、副校长条件的人选名单,提交教代会讨论,教代会代表无记名按规定职数推荐,然后理事会根据推荐结果,协商后进行选举产生校长人选,报上级主管部门核准后,理事会正式聘任校长。这种做法比较适合捐资办学或滚动发展起来的高校,其中的一些做法颇有启示,其创新的精神也是值得提倡和鼓励的。当然,这种内部选拔的"闭环"流程和机制,也有可能限制社会优秀人才的引入,也有值得改进的空间。

四、支持校长独立开展工作,提高高校执行力

支持校长独立开展工作,提高高校决策执行力,要建立健全校长的激励机制。一是要建立对校长的高度信任,激发校长投入学校的工作热情,给予校长较大的组织权,为校长工作创造良好的环境。俗话说,用人不疑,疑人不用。要把工作做在选拔考察中,既然选定了聘用了,就应给予信任,放心使用,鼓励和支持其大胆开展工作,为校长搞好工作创造良好的环境和条件。二是要建立具有高校特点的校长薪酬制度。大学校长工作的高度复杂性和专业化决定了其薪酬标准应该大大高于普通的社会职业,只有这样才能吸引和留住最优秀的人才从事校长工作。如何设计一套对外有竞争力,对本人有诱惑力,对内又不失公平性的校长薪酬制度,是一件极为重要的事情。高校可以借鉴企业的成功做法,充分发挥自身的体制机制优势,在校长的薪酬制度设计上有所创新和突破,从而最大限度地调动校长的工作积极性、能动性和创造性,促进学校更好、更快地发展。三是要尝试建立隐性激励机制。隐性激励机制,又称"信誉机制"。它是行为主体基于维持长期合作关系的考虑而放弃眼前利益的行为,其对"偷懒"的惩罚不是来自合同规定或法律制裁,而是未来合作机会的中断。研究表明,信誉机制不仅可以节约大量的交易成本,也可以大大降低风险成本。要在高校中引入并建立起信誉与隐性激励机制,一方面是要加强诚信教育、提高校长的道德修养和职业操守,增强其对自身行为的自律性和约束力;另一方面则要加快培育职业校长市场,建立行业从业规范,逐步在高校校长的选任上引进竞争机制和退出机制。

支持校长独立开展工作,提高高校决策执行力,要建立完善的校长考核制度。为了最大限度地调动校长的工作积极性、主动性和创造性,应该健全校长目标管理与绩效考核制度。管理大师彼得·德鲁克认为,如果一个领域没有目标,这个领域的工作

必然被忽视；管理者应该通过目标对下级进行管理。与目标管理紧密相关的便是绩效考核。高校办学体制的独特性也必须要求对其实行目标管理和绩效考核。对高校校长的目标管理，显然不能像企业一样以经济利润为导向，而必须突出高校的社会功能，重视对其进行综合评价。国外对大学校长的目标管理强调的是基于目标的绩效改进过程。校长的绩效考评以校长的工作职责为依据，以实现学校使命、愿景和目标为基础，以成功的校长领导特征为参照，进而通过设定具体的评价指标来引导校长的行为并对其最终成果进行评定。

支持校长独立开展工作，提高高校决策执行力，要加强校长团队建设。有研究提出，高校的内部管理应该建立以校长为首的领导团队，是有一定道理的。高校管理是一个庞大的管理系统，工作千头万绪，校长能力再强，也不可能有三头六臂。一个高水平的领导班子，一支高素质的干部队伍，是高校内部管理的关键。工作是要依靠大家做。仅有校长积极工作，学校很难搞好管理。另外，高校是一个特定的教育组织，管理队伍既乏现成，也缺培训。绝大多数民办高校的校长并不是来自学校内部，而是来自对高校内部管理很生疏、很陌生的公办高校甚至是政府官员。在这种情况下，如果高校的管理权限过于集中在某个人手中，事实证明也存在不少的困难和问题。高校董事会领导下的校长负责制，赋予校长办学的法律地位，但是民主和集中还是要协调运用。因此，建立以校长为核心的高校领导团队，注重团队的分工协作，充分发挥高校自身管理队伍的优势，调动全体领导成员的工作积极性和主动性，有利于高校办学体制和运行优势的发挥，有利于提升和加强高校决策的执行力。

支持校长独立开展工作，提高高校决策执行力，还要注意选拔好高校其他领导。按照我国高校领导机构框架，副校长（副书记）按照分工协助校长分管相关的工作。得力的助手是高校管理稳定有序、执行有力的重要保障。对于学校党组织负责人，许多学校也能在任命前注意听取校长意见。任免大权的合理使用对于加强校长团队的建设是有利的。

支持校长独立开展工作，提高高校决策执行力，应该注意中层机构的设置、干部的培养和选用。中层部门和中层干部作用十分重要。中层干部在学校运行中起着承上启下、上传下达、工作落实的重要职责。他们既是学校各种决策的参与者，又是执行者；既是服从者，又是服务者。在学校日常工作中，一方面，学校的重大决策需要中层干部的理解和贯彻，另一方面，中层干部要不折不扣地落实执行好学校的决策。校长（学校）的办学理念、董事会的重要决策要得以顺利贯彻落实，关键在各个部门和中层干部的执行情况。因此,中层干部管理水平的高低,执行力的强弱,常常决定着一个学校管理的好坏和各项工作的运行好坏。"赢在中层"的思想已经为许多管理理论所关注。许多高校管理混乱,主要是中层机构和职责不到位,职能划分不明晰,管理力量薄弱。当下高校大多是万人巨型大学,许多学校在初创阶段的由校长直接管理的扁平式机构模式,已经不能适应学校规模和功能发展的需要。目前,在高校中,中层机构逐年增加,中层干部队伍逐渐庞大。在学校发展中能否建好、用好这支队伍,意义重大。笔者认为,高校校长团队建设,应该包括中层干部队伍的建设。与公办高校相比,民办高校机构精简,人员精干。普遍来看机构比同类高校要少1/3以上,中层干部和工作人员也要少得多,这就对其工作的能力、效率和责任心提出了更高的要求。同时,高校中层干部大多是本院校自己培养的年轻干部,工作人员很多是来自其他单位退休的人员,因此发挥年轻干部的骨干作用就显得格外重要,应建立完善中层干部的选拔、培养、考核、奖惩等一整套管理制度,坚持德才兼备,知人善任,任人唯贤。

五、加快接班人培养,保持高校健康发展

如前所述,高校家族化管理是一种难以超越却又是过渡性质的现象。我国悠久的"家文化"传统和高校恢复办学的国情是高校家族化管理的主要原因。当然,与世界上存在大量的家族企业一样,世界上也不乏私立大学家族化管理的惯例,有的学校办得也不错。

曾经在国家经济落后、高等教育发展非常滞后的环境中,一部分民办高校获得成功,这里面倾注了举办者及其家族的艰辛和奉献。在成功面前,一部分高校举办者产生了家族管理的想法,是不难理解的。但从历史的进程来看,高校家族化管理始终是一个过渡现象。这个时间的长短,取决于我国整个经济环境的改善和我国国民社会意识的进一步提升,取决于我国高校举办者队伍的成长和提高。因此,我们断言,家族化管理在我国高校中将会存续相当长的时间。

教育事业同其他一切事业一样,是需要一代又一代人去继承、去发展、去创新的。高等教育由于它既是公益事业又是自主性事业,其地位的特殊性需要更重视接班人的选拔与培养。立足于这个实际,我们还提出高校领导接班人培养的问题。目前不少高校董事长、校长对培养接班人尚未重视,古稀老人、耄耋寿星在办学第一线操刀指挥的情况仍不少,笔者在钦佩之余不免有些担忧。高等教育的可持续发展不仅是高等教育举办者、开创者们对自己事业的责任,同时也是举办者对社会、对教育的一份责任,而

培养好、选拔好"接班人",将成为高等教育可持续发展不可逾越的一道"关口"。有的对外招聘,广纳贤才;有的内部选拔,积极培养;有的子承父业,代代相传。不管采取什么途径,目的只有一个,让高校可持续发展,不断传承。本书认为,创业者无论是选择"家族成员"还是"外来人员"接班都不是问题,外国几代人当选总统的也不少见,家族接班的高校更不在少数,关键要看实践,看制度,看"接班人"的主观努力、能力、水平、人品和责任心。

根据现有研究成果,这里对高校接班人培养和选拔提出几点建议:

首先,民办高等学校的举办者应该深刻认识培养接班人的重要性、责任感和紧迫感。高等教育是我国社会主义教育事业的重要组成部分,这已经成为客观事实。办好高校,实现高校的可持续发展,不仅让创办者的事业后继有人,而且也是广大受教育者的殷切期望。因此,高校的创办者应该把培养和选拔接班人作为自己义不容辞的责任,高度重视学校领导接班人的培养和选拔工作。许多高校的创办者,为了教育事业,殚精竭虑,倾注全部心血。而对如何延续自己的事业,谁来继承自己的事业考虑得很少或者没有考虑。有的虽然想到了必须有人接班或者已经物色了接班人,但不敢或不愿大胆放权,无分巨细,事必躬亲,更没有对接班人进行精心培养,因而接班人担子始终难以上肩,缺乏锻炼机会。还有个别民办教育举办者或法人代表甚至不愿选贤任能,唯恐大权旁落,让辛辛苦苦开创的事业毁于他人之手。这些思想阻力不解决,学校的接班人选拔就难以取得进展。而班子成员年龄老化,学校越来越面临无人接班、难以延续发展的困难局面,最终将对学校发展带来问题和困难。我们应该站在实施科教兴国战略的高处,着眼学校未来长久发展的远处,想到人才成长规律与历史发展规律的深处,把选拔培养接班人摆在自己的重要工作日程。

其次,要建立健全与完善高校董事长与领导成员的选拔任用制度。一要做到拓宽视野、选贤任能、不避亲疏、不计恩怨,把选拔人才的视野从熟人、朋友、亲属或师生的狭小圈子里解放出来,选拔贤能,唯才是用。浙江树人学院、北京城市学院和江苏三江学院等高校培养和选拔接班人的经验可供参考。国外私立大学甚至成立专门的校长遴选委员会,面向全球招聘人才,值得借鉴。二要坚持德才兼备,以德为先的用人标准,要把热爱教育事业、廉洁奉公、不谋私利,为人谦虚谨慎、善于团结同志、吃苦耐劳、勤奋工作且具有一定的教育理论根底,富有开拓创新精神与管理决策能力,熟悉教育教学业务作为选拔人才的主要考核指标;同时,要突出岗位特点,注重实际能力,以人岗相适取人,提高考核评价的科学性与实用性,不拘一格选人才。三要发扬民主、公开

第七章 民办高校管理体制改革和创新的思路

选拔,让教职工群众对选拔任用学校主要领导与班子成员有知情权、参与权、选择权、监督权,增加选人用人的透明度与公信度。江苏三江学院甚至开始了由教代会提名校长和副校长人选的创新尝试,值得关注。四要提倡竞争上岗,择优选拔。无论校内校外,符合条件者均可参与竞争,打破论资排辈、平衡照顾的旧框,对年轻有为者要敢于破格选用。同时,要运用科学的程序和方法,通过有序竞争、平等竞争、同向竞争,真正做到优胜劣汰、优中选优、优中选强,让优秀人才脱颖而出。这是选贤任能的有效途径与根本目的。五要建立高校主要领导与班子成员的退出机制。无论法人代表、董事会成员、校级干部,都要有年龄限制。一般来说,年龄在70岁以上的就不宜继续任职。人老力衰,这是不可抗拒的自然规律。同时,老的不退,新人就不可能上位接班,也就不可能得到锻炼的机会。另外,一部分老同志退下来以后,可以继续从事顾问、咨询等工作,"扶上马送一程",帮助年轻人理清思路,启发工作,但不宜担任实职,更不宜主持学校工作。

最后,地方政府与教育行政部门要对高校主要负责人的选拔与退出,进行必要的规范和指导,以促使民办高校创新识人、选人、用人的机制。一要严格按照或参照国家规定的精神,对高校董事会(理事会)成员、法人代表及班子成员的年龄做出适当规定,特别是民办普通高校,要作为刚性规定贯彻执行。二要像对公办学校一样,有计划地指导民办高校重视后备干部的考察、选拔与培养,并将培养计划纳入当地政府与教育行政部门的人事、组织等相关机构统一管理之中,定期组织培训,提高其领导能力、水平和对学校工作的责任心。三要培养推介典型,重视舆论导向,用以带动全局。通过多种途径,在民办高校中,形成选贤任能、人才辈出、充满活力的生动局面。必要时,政府部门可以推荐优秀的年轻干部到民办高校任职。近几年来,南方许多省市政府组织对"富二代""创二代"子女开展培训工作,希望他们更好地担当延续企业"香火"的重任。教育部门可借鉴这一做法,适当组织相关培训。在调研的过程中笔者高兴地看到,目前有一大批高校创办者的子女进入高层次院校学习,攻读硕士、博士学位,其中很多人选择攻读教育学、高等教育学的学位和专业,掌握高校管理必备的知识,这对学校未来的可持续发展无疑有着十分重要的意义。

民办高校领导干部的素质如何,对于能否坚持可持续发展战略十分重要。高校领导应当成为社会主义的教育家,同时他们也应该是高等教育的研究家。不仅要有勇气、有魄力出资办学,还要懂得高校管理,研究如何办出质量,办出特色,积累高校发展的理论和经验。民办高校的可持续发展需要一代又一代有志于高等教育事业的接班人的不懈努力。坚持可持续发展战略,必须按教育规律办事,善于经营,只靠少数人是不行的,还必须经过选拔培养形成具有连续稳定的教育家群体。当今世界一流私立大学无一不是经过几代、十几代、几十代教育家的共同努力才成功的。可见形成连续稳定的教育家群体对于高校的发展来说是多么重要。我国高校目前普遍缺少教育家意识。要形成连续稳定的教育家群体,必须从加强高校干部选拔、培养和改革制度着手,要将竞争机制引入高校的干部管理,为教育家脱颖而出创造良好的社会环境和工作条件。

第四节 发挥政治核心作用,增进管理体制的和谐

加强党对高校的领导,确立高校党委的政治核心地位,是我国的国家性质和我党的执政地位所决定的。高等学校是党和国家培养社会主义事业建设者和接班人的重要阵地,无论其办学性质是公办的还是民办的,其基本任务是一致的,都是为了履行"坚持以习近平新时代中国特色社会主义思想为指导,以进行理想信念教育为核心,以树立正确的世界观、人生观、价值观为重点,以养成高尚的思想品质和良好的道德情操为基础,紧密结合全面建设小康社会的实际,遵循未成年人思想道德建设的规律,坚持以人为本,促进未成年人的全面发展,努力培育面向现代化、面向世界、面向未来,有理想、有道德、有文化、有纪律,德、智、体、美全面发展的中国特色社会主义事业建设者和接班人"的崇高使命。高校党组织与公办高校党组织一样,是党的基层组织的一部分,是党在社会基层组织中的战斗堡垒,是党的全部工作和战斗力基础的重要组成部分,这是党章赋予高校党组织的重要地位。加强和改善党在高校的政治领导地位及其政治核心作用,充分发挥党组织的服务、保证、监督功能,是贯彻执行党的路线方针政策和促进教育事业发展的重要举措,是高校适应市场需要,深化改革,培养社会主义建设人才和提高办学质量与效益的需要,也是高校增强核心竞争力的重要内容。要把高校办成国家教育事业的一部分,就必须加强党对高校的领导,坚持和把握高校的办学方向,并善于把党的政治优势同市场机制结合起来,形成强大的政治核心,不断创新工作机制,调动一切积极因素,凝心聚力,推进以德治校和依法治校,保证学校健康可持续发展。

第七章 民办高校管理体制改革和创新的思路

一、高校党的政治核心作用发挥的内涵

中组部、教育部党组《关于加强高校党的建设工作的若干意见》指出"高校党组织发挥政治核心作用,主要职责是:(1)宣传和执行党的路线方针政策,执行上级党组织的决议,坚持社会主义办学方向和教育公益性原则,致力于培养社会主义建设事业的各类人才。(2)引导和监督学校遵守法律法规,参与学校重大问题的决策,支持学校决策机构和校长依法行使职权,督促其依法治教、规范管理。(3)支持学校改革发展,及时向上级党组织和政府职能部门反映学校的合理要求,帮助解决影响学校改革发展稳定的突出问题。(4)全面加强学校党的思想、组织、作风和制度建设,做好党员教育管理工作。(5)领导学校思想政治工作和德育工作。(6)领导学校工会、共青团、学生会等群众组织和教职工代表大会。(7)做好统一战线工作,支持学校内民主党派的基层组织按照各自的章程开展活动。"根据这一文件精神和高校的实践,归纳起来,高校党组织政治核心地位的确立,主要在于落实政治上的领导权、管理上的参与权和行动上的监督权三个方面。政治上的领导权主要体现在宣传和执行党的路线方针政策,切实保证高校坚持社会主义办学方向,全面领导学校党建、思政工作和德育工作。管理上的参与权主要体现在参与学校改革、建设和发展以及教学、科研、行政管理等工作中重大问题的讨论与决策。根据相关文件精神,高校党委要通过多种途径对学校的发展规划、人事安排、财务预算、基本建设、招生收费等重大事项,提出意见和建议,直接参与研究、讨论和决策。并且根据学校决策,支持学校改革发展,及时向上级党组织和政府职能部门反映学校的合理要求,帮助解决影响学校改革发展稳定的突出问题;支持董事会和校长依法行使职权,组织开展教育教学活动。行为上的监督权主要体现在引导和监督学校坚持教育公益性原则,引导和监督高校依法治教、规范管理、诚信办学。坚持党管干部、党要管党的原则,监督学校党员领导干部的廉洁自律的原则,加强党风建设。党委通过政治核心作用的发挥,确保高校始终坚持社会主义办学方向,确保马克思主义的理论指导地位,提高高校大学生的思想政治素质和社会主义核心价值观,确保高校在社会主义市场经济条件下健康有序发展。

具体来说,高校党组织发挥政治领导作用,主要体现在三个方面:

第一是把握方向,即保证正确的办学方向。民办高校作为我国社会主义市场经济条件下的一个新生事物,在筹资渠道、资产性质、领导体制、管理方式等方面都与公办高校有着明显的区别,但其培养社会主义建设者和接班人的根本任务与公办高校没有

差异,所以必须同样坚持社会主义的办学方向。民办高校大多为投资办学,经费来源、办学动机和人员层次差异很大。高校内部实行董事会领导下的校长负责制,作为投资主体的董事会成员对学校的发展和管理拥有较大的决定权,在办学中可能考虑经济利益方面较多。部分高校功利思想抬头,影响学校的办学方向和育人环境建设,制约学校的可持续发展。因此加强和完善高校党的政治核心作用,对于全面贯彻党的教育方针、坚持社会主义办学方向、促进高校健康发展,具有极其重要的意义。

第二是保证质量,即确保人才培养政治思想品德和科技文化的质量。无论是公办高校还是民办高校,育人的基本要求是一致的。要达到这一要求,就要把教育学生树立正确的世界观、人生观和价值观放在首位。目前我国民办高校在高等教育体系中处于弱势,民办高校在录取时属于最后批次,其生源的普遍状况是知识储备不够,学习兴趣、学习习惯和学习的自觉性、积极性都比较欠缺。在世界观、人生观、价值观方面,他们思想开放、独立,处世务实,有自己的见解,但仍存在很多不成熟。大多数学生追求上进,渴望参加党组织,但分析问题比较偏激,心理上比较脆弱。还有一些人在人生观和价值观方面受到外界的不良影响,不能正确处理国家、集体和个人三者之间的利益关系。面对这样的生源状况,能否保证育人的质量,就取决于学校"德育为先"的落实程度。而如果没有坚强有力的党的"政治核心"力量去领导、设计和实施,那么,要在生源质量相对来说比较差的基础上去坚持和提高育人质量将是十分困难的。而高校党组织发挥政治核心作用的基本任务中就有领导学校思想政治工作和德育工作的职责。因此面对高校不断发展的新情况和新形势下高校德育的新要求,要实现培养高素质的人才目标,确保高校的育人质量,就必须坚持党的领导,加强党的建设,充分发挥党组织在高校中的政治核心作用。并且通过党政工团,齐抓共管,做深入细致的思想政治工作和扎实有效的德育工作,坚持马克思主义的主导地位,从而保证培养的德智体等全面发展的社会主义事业的建设者和接班人的质量。

第三是维护稳定,即维护学校安定团结的政治局面。安定团结是一切事业发展的基本条件,是我国社会主义现代化建设赖以依托的环境基础。维护安定团结是全国人民的根本利益所在,是党的重要工作内容之一。由于高校投资主体的多元化,创办之初教师和管理人员一时难以到位,引进和聘用人员的来源复杂,学生的综合素质相对较差,这就使得民办高校中存在诸多不稳定的思想因素。加上高校是一个利益相关者构成的组织集体,投资者与办学者、董事会与校长、学校与教师、教师与学生之间矛盾错综复杂,稍有疏忽就可能酿成群体性事件,影响学校稳定,并可能对社会的稳定造成影响。因此,高校保持稳定的任务十分繁重。历史证明,高校的稳定直接关系到整个社会的稳定。在高校管理体制中加强和重视党的政治核心作用发挥,才能增强科学判断形势的能力,善于从复杂多变中掌握事物发展的内在规律和学校发展的大局,从而结合本校实际,创造性地执行党的路线、方针和政策,完成学校的各项任务;才能不断增强应付复杂局面的能力,正确处理学校的各种矛盾,及时解决改革中出现的和师生在学习、工作、生活中提出的问题,妥善处理各种突发事件,及时消除可能成为影响学校稳定的潜在因素,把各种矛盾和问题解决在萌芽状态;才能充分发挥思想政治工作的作用,协调和保证高校组织内部的相关利益,帮助广大师生员工正确认识改革中出现的暂时困难,引导他们同心同德,共同推动学校的改革和发展;才能建立一支以党员为主体的专兼职结合的政工骨干队伍,对大学生进行正确的引导,把广大师生员工紧紧地团结在党的周围,抵制各种不良思想的影响,维护高校的稳定和国内安定团结的政治局面。由此可见,党对高校的领导实际上主要体现的是政治领导,发挥的是政治核心作用。

二、高校党组织政治核心作用发挥途径

从以上分析可以得出结论,加强党的建设,发挥党的政治核心作用,是高校管理体制的重要内容。许多成功的高校经验证明,党的政治核心作用发挥也很出色。西京学院、黑龙江东方学院、浙江树人大学、青岛滨海学院、北京城市学院等都提供了很好的经验。以上学校的党组织曾经应邀在全国高校党建工作会议上做经验介绍。

高校党组织作为执政党的一级基层组织,正确的定位应该是通过融合、渗透成为学校的政治核心。作为政治核心的党组织不是一级独立的权力机构,而是对学校决策、监督、管理具有广泛包容性的政治组织。它与举办者的关系,既非等级关系,亦非矛盾关系,而是相容关系,是高校内部"平行权力"的一部分。有效发挥党组织的政治核心作用要做到三个方面:一是党组织领导成员交叉兼职进入决策层,保证党的活动围绕学校中心工作来进行。党委负责人原则上应该进入学校董事会,以便于了解学校发展的重要决策。许多学校实行党委书记兼任副校长,包括其他校级和中层党员干部共同组成党委会。这种组织结构既保证了党建工作在直接了解、参与行政工作的前提下有针对性地开展,又在经费、活动安排上较易取得举办者的理解和支持。二是注重书记的选拔和培养,由既懂党务又懂教学和管理的人来担任书记。在办学规模较大、党建工作较弱的学校,要根据中央的规定实行党组织负责人委派制。同时,加强党组

织负责人的培训,提高他们的管理水平和领导能力。三是把党组织发挥作用重点放在"服务"上,贯穿于学校决策的全过程。决策前要开展调研,提出带有前瞻性、方向性的意见。决策中要发挥党务干部的作用,大力宣传党组织的主张,使党组织的意图转化为学校决策。决策后要通过发挥党员的先锋模范作用及强有力的思想政治工作,保证决策的有效实施。在发挥作用的形式上,要把党组织的整体作用与发挥党员个体及群团组织的作用有机结合起来,以党的组织纪律来规范约束党员的个体行为,以党员个体的先锋模范作用来体现党组织的整体影响力和作用力。

今后一段时间,发挥高校党组织政治核心作用,主要应做好四方面的工作:

第一,依照《中国共产党章程》规定,健全高校党组织机构。

机构是工作的物质载体,高校党组织发挥政治核心作用,是通过党的组织机构承担和体现的,没有机构就谈不上开展工作,相关职能得不到落实,发挥政治核心作用就是一句空话。要加强党对高校的领导,高校党组织要健全组织机构,履行工作职责,首先必须加强和健全党的组织机构。要配强党委领导班子,提高党委领导的待遇,赋予其明确的任务和职责。就当下来看,高校普遍建立了党的基层组织。教党〔2006〕第31号文件要求"高校必须有一名以上的专职党组织负责人",这个文件是在大量调查研究的基础上下发的,带有强制性。文件下发以后,各省市都雷厉风行,江西、福建、湖北等十多个省市直接启动了派遣"党委书记兼督导员"工作。但这是第一步,就全国而言,高校党委班子建设和内设机构建设任重道远。特别是工作机构几乎没有建立。表面上机构精简,减少成本节省人员开支。但是也不避讳有的高校举办者的用心:党务工作可多可少,有一个党委做做门面,对付对付差事就可以了,说明最终解决这一问题尚待努力。也有的学校以校长负责制之名削弱党委的作用和地位。当然,高校党组织不能像公办高校一样机构庞大,人员众多,应本着精干、高效和有利于加强党的建设的原则构建。但是,必要的组织机构还是需要的,否则工作职责就会落空。从当前需要出发,高校至少要设立综合办公室和纪律检查等工作部门,配备专职工作人员,落实相关工作内容和职责,便于开展工作。党组织的活动经费应列入学校年度经费预算。这样高校党组织机构的活动和工作开展才有着落。同时也要按照学校党委—党总支—党支部—党小组的体制完善各级党组织,建立健全高校基层党组织体系。要加强高校党务工作队伍建设。根据高校人事管理的特点,及时调整各级组织机构成员;加强党务骨干队伍的培训,提高他们的思想政治理论素质、业务水平和工作能力。与此同时,要在政治理论课教师队伍和辅导员工作队伍建设方面予以强有力的政策支持。以党

第七章 民办高校管理体制改革和创新的思路

建带团建,加强对共青团工作的领导。通过建立和健全党的组织体系,为充分发挥党组织在高校改革发展稳定中的政治核心作用奠定坚实的基础。

第二,建立党委参与学校重大问题决策机制和党政联席会议制度。

高校党委参与学校重大问题的讨论,提出意见与建议,是党委充分发挥政治核心作用的重要途径之一。根据现有法律法规的规定,党委书记应成为高校董事会的董事,同时可通过法定程序进入学校行政管理机构。符合条件的学校决策机构和行政管理机构中的党员,可按照党的有关规定进入党委班子。高校党委应按照依法办学、依法治校的要求,通过组织学习、开展调研、进行督察等方式,对学校的教育、教学、管理和队伍建设等方面的工作积极提出建设性的意见,认真落实党的教育方针和各项政策。党委主要领导应加强学习,熟知国家对高校的方针政策,深入调研,及时了解国家对高校的要求,在董事会讨论重大决策时阐明意见,在重大问题上贯彻国家意志,替学校把关,以高度负责的精神,保证学校决策与国家的政治大局保持一致。在学校内部管理中,事实证明建立党政联席会议制度,就学校一些重大问题统一思想认识,有利于党委和学校行政工作的密切配合,提高决策的科学性。在学校的干部选拔任用中,尽管党委无最后决定权,但应保证民主集中制原则的贯彻执行,落实教职工对干部选拔任用的知情权、参与权、选择权和监督权,严格履行民主推荐、民意调查、民主测评和组织考察等程序。党委在参与决策中,还应重点把握学校重大决策是否体现了以人为本,以人才培养为目标的原则,使得决策更具科学性、合法性和人本性。

根据调查,在浙江树人大学、江苏三江学院、上海杉达学院和黑龙江东方学院等高校,都建立了学校党政领导联席办公会议制度。这些学校都建立了党委,在办学中发挥党的政治核心和监督保证作用。学校在决定涉及教学、科研、人事调整、师资队伍建设、思想政治工作和行政管理等方面的重大事项或学校的重要活动时,由校长召集召开党政领导联席办公会,讨论研究决定是否必要和可行,并在领导成员中明确分工,保证了工作任务的圆满完成。有的学校还实施了财务审批预算加监管的制度。与公办高校党委领导下的校长负责制不同,这个党政领导联席办公会议,是学校内部管理中重大事项决策的最后环节,也是重大决策执行的开始。有时决策已形成,只是在办公会上最后征询意见,主要是部署对决策的执行(实施)。党政领导联席办公会上如果意见分歧,不采取少数服从多数的方式做决定,而是按照校长负责制的原则,由校长对有分歧的问题做出分析后拍板决断。因此,党政领导联席办公会议是决策与执行的一个较好的形式,值得推广。

第三,正确处理好党委会与学校董事会和校长的关系,加强决策和执行的合力。

高校党组织作为执政党的一级基层组织,正确的定位应该是通过融合、渗透成为学校的政治核心。作为政治核心的党组织不是一级独立的权力机构,而是对学校决策、监督、管理具有广泛包容性的政治组织。党委会与董事会、校长分别处于政治核心、顶层决策和学校运行中心的地位,它们之间的和谐统一,密切配合,是学校办学成功的关键。正确处理好党委会与董事会、校长之间的关系,有利于提高学校科学发展的能力和水平,落实高校的办学方向,推进高校改革和发展,最终有利于学校的长远发展和举办者根本利益的保证。

首先,要建立党组织和董事会、校长相互支持和制衡的领导体制和运行机制。高校党委要及时推动并积极参与建立和健全学校管理体制,完善董事长、校长和党委书记相互配合、制约的法人治理结构,形成决策、执行、监督有机结合的管理机制。根据工作需要和人员素质条件,可以实施交叉任职。举办者为投资型的高校,有条件的党委书记和董事长可由一人担任。一般情况下,党委书记应进入董事会,党组织领导成员交叉兼职进入决策层,以便于了解学校发展的重要决策,保证党的活动围绕学校中心工作来进行。校级领导作为工作班子,有条件的可以进入党委。许多学校实行党委书记兼任副校(院)长,包括其他校级和中层党员干部共同组成党委会。这种交叉兼职、相互任职的办法,为党委会、董事会和校长之间协调沟通创造了组织条件,加强了相互之间了解沟通的机会,明显减少党委会与董事会、校长之间的工作摩擦,在学校管理中能够相互无缝对接,也使党委的重大问题决策参与作用更到位,提高学校的管理效益,同时也保证了党建工作在直接了解、参与行政工作的前提下有针对性地开展,在经费、活动安排上获得举办者和学校校长更多更直接的理解和支持。

其次,要建立校党委与校董事会、校长的沟通协商机制。高校党委要积极发挥协调沟通、决策参谋作用,和谐处理党、董(理)、校之间关系,督促各方责任和权益到位。党委要支持和帮助董事会、校长办好学校,全力支持和配合校长抓好教学质量。要积极引导董事会正确处理投资与回报、经济效益与社会效益、市场规律与教育规律的关系,遵循高等教育育人规律;支持校长依法行使职权,自主办学,全面提高教育教学质量,同时,要兼顾举办者的利益,从高校的办学特点出发,引入市场机制,努力使教育资源利用最大化,在"治学"中体现效益,努力使董事长(理事长)的"回报"与校长的"治学"得到和谐统一,两者都朝着培养高素质人才、打造学校特色和品牌、提高社会形象和声誉的目标努力。

第七章 民办高校管理体制改革和创新的思路

再次,要发挥党的政治优势,为学校改革和发展做出贡献。有效发挥党组织的政治核心作用,要把党组织发挥作用重点放在"服务"上,贯穿于学校决策的全过程。学校重大事项决策前党委要组织调查研究,提出带有前瞻性、方向性的意见。决策中要发挥党的政治优势和党务干部的作用,大力宣传党组织的主张,把重大决策与党的政策密切结合,使党组织的意图转化为学校决策。决策后要通过发挥党员的先锋模范作用及强有力的思想政治工作,在宣传、贯彻执行上做好动员,保证决策的有效实施。这里特别需要强调的是,高校党员流动性较大,有的教师党员有比较严重的"雇用思想",组织观念不强、党性意识弱化,缺乏工作主动性,甚至对学校内部一些改革举措有强烈的逆反和抵触情绪,影响到决策的执行。而在日常工作中,党委的政治核心作用就是通过党员的先锋模范作用来体现的。因此,发挥党的政治优势,增强党性教育,激发党员的先锋模范作用,不断增强基层党组织的凝聚力和战斗力,是发挥高校党委政治核心作用的有效方法。在发挥作用的形式上,要把发挥党组织的整体作用与发挥党员个体及群团组织的作用有机结合起来,以党的组织纪律来规范约束党员的个体行为,以党员个体的先锋模范作用来体现党组织的整体影响力和战斗力,从而提高学校决策的执行力。

第四,加强党委对教代会的领导,力促内部管理和谐。

党委领导下的教职工代表大会是高校民主管理的基本形式,是教职工参与民主决策、民主管理、民主监督的机构,是学校听取教职工意见和建议的重要渠道,也是高校党组织实施政治领导的重要途径。在高校建立教代会制度,对于增进举办者和教职工之间的相互了解,提高教职工对学校的信任度,克服雇用思想,培养教职工的主人翁意识,增强教职工的归属感,争取教职员工对办学的支持,调动教职工的积极性,具有非常重要的意义。同时也有利于促进学校决策的科学化、民主化;有利于集中教职工的智慧,提高教职工参政议政和维护自身合法权益的能力;有利于调解校内的人际关系,使全校同心同德,群策群力,维护和促进学校改革开放与稳定的局面。

我国《工会法》《高等教育法》和《教师法》都对高校教职工代表大会制度做出了规定。《教师法》第七条第五款规定:教师享有"对学校教育教学、管理工作和教育行政部门工作提出意见和建议,通过教职工代表大会或其他形式参与学校的民主管理"的权力。既然教职工代表大会是教职工参与学校民主管理和民主监督的权力,公办高校的教师有权通过教职工代表大会的形式参与学校民主管理,那么高校的教师也应当有这个权力。《工会法》《教师法》和《高等学校教职工代表大会条例》同样也应适用于高校。

当下,许多省市在相关文件中都明确提出建立教职工代表大会制度的要求。"教职工代表由教职工直接选举产生。教职工代表大会依法行使审议建议权、审议通过权、审议决定权、评议监督权。教职工代表大会每三年或者五年一届,一般每学年召开教职工代表大会一至二次。校长要支持和保证教职工代表大会在其职权范围内行使权利,定期向教职工代表大会报告工作,认真听取意见和建议,落实教职工代表大会在其职权范围内做出的决定、决议"。该文件还明确了高校教代会的四项主要职权:"1. 听取和审议校长工作报告、学校建设发展规划、教育教学改革方案、教职工队伍建设方案、财务预决算以及事关学校发展的重大问题等。2. 审议通过学校提出的教职工聘任考核办法(劳动用工制度、集体合同草案)、工资标准、奖酬金分配办法、职称评定办法等与教职工切身利益有关的改革方案、重大规章制度等。3. 审议决定有关教职工生活福利的重大事项。4. 民主评议学校行政领导干部。"

以教代会为基本形式的学校民主管理制度已经成为教育系统基层民主政治的具体实现形式,成为学校管理体制的重要组成部分。《国家教育规划纲要》提出,要建设"依法办学、自主管理、民主监督、社会参与"的现代学校制度。建立高校的现代大学制度,完善中国特色社会主义高校法人治理结构,必须体现党的领导,依法规范学校政治权力、行政管理权力、民主管理权力和学术权力之间的关系,实现各种权力的相互支持、合理配置和相互协调。

目前,党委会指导下的高校教职工代表大会(教代会)制度正在受到关注和重视。高校的教代会制度已经开始得到重视和实施。从抽样调查收集的数据来看,目前成立教代会的高校大致占40%,数量不少。但是总体来看,教代会的职能和职权有待探讨,制度尚待建设和完善,作用也有待进一步发挥。因此,高校党组织要切实加强对教代会工作的领导,将教代会工作纳入党委的工作日程,建立和健全领导教代会的工作制度,支持教代会依法在职权范围内独立负责地开展工作,协调处理好教代会制度在运行过程中出现的各种矛盾和问题,促进高校内部管理的和谐。

董事会决策、校长负责、党委保证监督和教代会参与民主管理,是现阶段高校管理体制的理想模式,也是和谐管理的重要组织构架。董事会主要负责决策,落实高校办学经费,保护举办者的投入利益,构架高校组织领导体制,选拔德能兼备的学校校长,并为校长独立和谐工作创造条件和环境;学校校长是学校内部行政管理权力的核心,参与董事会决策,主要负责决策的执行和实施,根据董事会决策运行学校,深化学校改革,保证学校内部稳定和教学质量的提高。学校党委是高校运行中的把舵者,通过发挥政治核心作用,监督学校发展和运行的政治方向,并根据法律法规,维护高校相关者的利益,协调举办者、办学者和师生的关系,从而保证学校内部和谐,为学校稳定和发展发挥作用。建立和完善教代会制度,通过以教代会为基本形式的民主管理工作,搭建民主管理平台,推动基层民主政治建设,加强学校科学决策水平,积极维护教职工合法权益,增强教职员工的归属感,调动全体教职员工的工作主动性、积极性和创造性,对于学校内部的和谐和稳定,推进高校的改革和发展,提高办学质量和创建学校品牌,具有重要的意义。

第五节 完善管理规章制度,推进高校管理法治化

高校的规章制度是高校内部管理中各种规定、条例、章程、制度、标准、办法、守则等的总称。它是用文字形式规定管理活动的内容、程序和方法,是管理人员的行为规范和准则。规章制度作为人们必须遵守的办事规范或行为准则,是学校正常教育教学秩序的基本建设,也是学校高效运行、和谐发展的基本保证。邓小平同志曾指出:我们过去发生的各种错误,固然与某些领导人的思想、作风有关,但是组织制度、工作制度方面的问题更重要。这些方面的制度好可以使坏人无法任意横行,制度不好可以使好人无法充分做好事,甚至会走向反面。科学完备的规章制度是学校管理的重要组成部分,也是一个成功学校的品牌内容。

高等学校规章制度是我国高等教育法律体系的有益补充。在现行的立法体制下,高校的规章制度并不是我国法律体系的组成部分。但是高校制定规章制度是为了结合实际情况更好地贯彻执行法律、法规和行政规章,以保证它们在全校范围内的统一实施;在内容上,规章制度也基本上是在高校管理权限范围内,对法律、法规和行政规章做出具体的和执行性的规定。我国幅员辽阔,各地条件不一,地区之间差别很大,加上高校类别繁多,办学性质和动机复杂,很难用一个法律规范所有学校的行为。因此,法律往往在坚持统一性、普遍性的同时,留有一定的灵活空间。另外,由于国家有关法律法规等所涉及高校管理的内容,大多数是宏观性、原则性的条款,在工作实际中较难操作,这就需要高校在执行中根据学校工作实际细化相关内容,从而更好地贯彻落实。刘延东曾提出,"要善于按照法律法规来规范运行,大力推进依法行政、依法治教、依法治校;要善于通过制度建设来推动运行,建立健全推进各级各类教育改革发展的基本

制度,形成内容科学、程序严密、配套完备、有效管用的制度体系;要以提高制度执行力为抓手,坚持用制度管权、按制度办事、靠制度管人,防止重制定轻执行"。我们也可以将高校的规章制度看作是国家高等教育立法的深化和延伸,是国家高等教育法律、法规体系的有益补充,也是高校依法治校工作的核心内容。它不仅有利于国家法律、法规的贯彻实施,而且可以在法律出台前进行必要的探索和实验,为法律的制定和实施积累经验。可见,完善规章制度建设,对于推进高校管理法制化,具有重要意义。

一、高校内部管理制度建设的必要性

我国《辞海》中对制度的解释是:"要求成员共同遵守的、按一定程序办事的规程或行动准则。"一个组织或团体推行一种规章制度的诱因在于这个组织或团体期望获得最大的潜在效益,而最直接的原因则在于提高组织的协调性和管理的有效性,协调组织内各部门之间协作效果和组织与外部衔接的有效性。假定每个行为人都是有理性的,他们总是在给定的约束条件下追求自身利益最大化,无约束的竞争行为必定加剧交易活动的不确定性,增加交易成本。这种约束条件从广义上说就是行为人共同遵循的契约关系或交易规则。制度恰恰提供了人类相互影响的框架,确立了竞争与合作的经济秩序。"制度是一系列被制定出来的规则、守法程序和行为的道德伦理规范,它旨在约束追求主体福利或效用最大化利益的个人行为。"从而制度成为继禀赋、技术和偏好之后的第四大理论支柱。制度教育学的研究认为,"好"的教育制度也是重要的教育资源,它可以增强人的权利意识、自主意识,提高人的主动性积极性,提高人自我发展的责任感,从而提高人发展的层次,塑造健康和谐的人格。同时制度又是非物质文化的重要内核,是组织文化的展现载体之一。高校的内部管理制度是高校发展过程中各种规范、章程、制度和规定的总和,是内部管理的基本依据,是高校发展的价值观的集中体现,也是高校办学理念的重要载体,是办学思想与理念转化为行为实践的必要中介。办学理念是高校发展的灵魂,是各项工作的纲领。"制度上的信念在指导改革和改革合理化方面已经起着重要作用。"高校内部管理制度要紧密围绕办学理念,体现办学理念,为办学理念的贯彻落实服务,把办学理念渗透到内部管理制度中去,将其本质、内涵分解、细化表现在各项制度中来,以此确保高度凝练的办学理念得以具体化的实现,推进学校的健康发展。因此,实施什么样的制度,一定程度上反映了该院校的发展价值和组织文化。制度是现代还是传统、是先进还是保守、是务实还是形式主义、是追求功利还是体现公益、是民主集中还是高度集权、是井井有条还是松散零乱,都直接

第七章 民办高校管理体制改革和创新的思路

反映出学校的品位、档次和水平。所以,制度建设更带有根本性、全局性、稳定性和长期性,是高校管理体制中极其重要的组成部分。

高等教育发展应该是制度性发展,这一点已经成为人们的共识。高等教育理论研究进而表明,制度的优化与创新也是高校发展的根本动力,是高校发展与管理效益提升的重要途径。高等学校是建立在一定的规章制度和行为准则上的机构,是被制度所规制的一个组织,它能否快速地高质量地发展,取决于建立于其上的制度是否能产生适当的持续有效的刺激,并切实保证高校能得到有效的效率和效益。

"制度是维系大学组织运行的关键所在。在崇尚学术自由的大学中,学者被赋予开展学术活动很高的自主性和独立性。在这种情况下,大学靠什么来保证其运行的秩序和效率呢?显然,大学组织需要建立一定的制度。"制度在管理中具有根本性的决定作用。第一,制度具有规范性。它告诉人们在学校工作生活中应当做什么,应当如何去做,哪些可以做,哪些不可以做。第二,制度具有强制性。制度一经颁布实施,对任何人、任何单位(部门)都具有强制性和约束力。第三,制度具有公平性。所谓制度面前人人平等,无高低贵贱之分。第四,制度具有导向性。以制度为标杆,人们可以辨别是非。第五,制度具有稳定性。管理规范一经批准,在一定的时期内就要保持稳定,不能朝令夕改,使人无所适从。有了制度,就有了明确、具体的标尺,有利于及时纠正各种形式的不规范行为。邓小平同志曾经说过,制度问题更带有根本性、全局性、稳定性和长期性。这一论述对高校内部管理制度建设工作具有同样的指导意义。只要制度健全并与改革接轨,管理者就有了实施管理的基本依据,学校就有了行动的准则,"大家都受制度的制约,都按制度办事……做到有制度、有管理、有执行、有监督",高校才能够持续健康地发展。

在高校管理体制中,除了机构构架,还应该有制度构架。前面提到的董事会制度建设,主要指的是高校管理体制中上层制度的建设。实际上,除此以外,在高校日常运行中,更多地使用的是高校内部的各项管理制度,它是高校日常运行的依据。

第一,加强高校内部管理制度建设,是现代大学制度的内在要求。《国家教育规划纲要》提出,"推进政校分开、管办分离。适应中国国情和时代要求,建设依法办学、自主管理、民主监督、社会参与的现代学校制度,构建政府、学校、社会之间新型关系"。要"完善中国特色现代大学制度。完善治理结构"。由此可见,现代大学制度的特征之一就是管理的科学化,即管理的规范化和制度化。高校内部管理是现代大学制度的重要内容。离开了学校内部管理制度,也就很难实现现代大学制度。

第二,加强高校内部管理制度建设,是维护学校秩序,提高工作效率的保障。高校内部的运行是一项复杂的系统工程,特别是当下高校规模都比较大,教学、科研、学生管理、校园建设、经费使用等事务多且杂,需要严密而有效的组织、紧张而有秩序的工作,要做到忙而不乱、井井有条,就必须有系统全面的制度来协调和约束。建立健全高校内部的管理制度,可以规范和引导高校师生员工的行为,充分发挥其个体的主动性和积极性,落实工作中的可操作性,克服经验主义、理解歧义、个人意志和相互推诿等问题,使分散的、无序的个体活动变得统一、秩序、高效,并能保证高校沿着正确的办学理念、办学目标和轨道发展前进。

第三,加强高校内部管理制度建设,是高校生存和发展的重要保证。内部管理制度是高校管理的依据。当前,我国高校总体管理水平还不高,还没有形成完善的治理体系,要克服家长制、家族化管理,消除隐患、避免风险,实现民主化、法制化管理,促进各项事业健康发展,就应当把建章立制摆上重要议事日程。"有了章程及合理的规章制度,高校的管理工作才能有章可循、有据可依,真正规范起来。"从而使高校内部主体能令行禁止、依章办事,保持稳定、持续的发展态势。制定内部管理制度的目的,是为了建立学校运行的正常秩序,维护学校各项工作的正常运行,不断提升教学质量;规范学校领导、职能部门和全体师生员工的行为,有所为有所不为,不因个人或团体利益损害学校整体利益;优化组合全校各种资源配置,向管理要质量,向管理要效率,向管理要效益,保证最终实现学校的办学目标。一句话,是为了增强高校的核心竞争力,没有严格而系统的管理制度,高校的长期运转就难以维持,生存和发展都是一句空话。

第四,加强高校内部管理制度建设是实现依法办学、依法治校的需要。社会的进步,法制的健全和完善,要求社会各个组织、机构和个人都要树立法制观念,严格依法办事,法律面前人人平等。高校也不能例外。内部管理制度是内部管理的法规,照章办事是依法办学、依法管理的基础。只有严格执行学校管理制度,才能逐步培育法制意识,使学校的教学、科研、思政、保障等各个环节的工作逐步走上法制化的轨道,实现管理的制度化、标准化和法制化,使学校的管理者和被管理者都自觉依法办事,保障学校活动的有序进行,不断提高办学质量。由此可见,学校内部管理制度建设是依法办学、依法治校的基础工作,是推动学校管理由"经验管理"向"依法管理""科学管理"转变的重要环节。

二、高校制定内部管理制度的主要原则

民办高校很多管理与公办高校无异,因此,公办高校的很多制度建设经验可以参考和借鉴。但是民办高校的管理体制与公办高校管理体制毕竟具有较大的差距,这肯定也会反映在管理制度上。因此民办高校的管理制度与公办高校的管理制度会有很多的不同点,即使是同一个内容的管理制度,也会反映出民办高校管理体制的特点。

根据民办高校办学的特点和要求,高校构建内部管理制度应坚持以下原则:

第一,自主性原则。这一原则是高校特有的管理体制特征。自主性原则的内涵有:在思想观念方面,要有自身的办学理念、办学定位、办学方向、办学目标、管理理念和自主管理的意识,不能照搬照抄。在组织结构方面,要有能体现精干高效、自主管理、自我发展,对学校全面工作进行全方位管理的完整的组织机构。在管理方式方面,行事讲准则,以制度为上,而非权力至上。

第二,民主性原则。民主性原则是指全校教职员工能积极参与学校管理,对学校办学、管理有自由发表意见的权利。之所以提出要遵循这一原则,主要缘于对高校办学中相关者利益的考虑和当前高校中家长制、家族制管理越演越烈的实际情况。高校管理体制的建构一定要有民主意识,突出民主性原则,包括民主决策、学校的办学定位、学校发展目标和规划、学校有关福利政策、管理制度的制定等。都要经过调研,广泛征求意见,这样才能提高广大教职员工理解制度、执行制度的积极性和自觉性,进而提高教职员工对学校的认可度,培养和激发全体教职员工的主人翁意识,增强其责任感和使命感。当然,民主与集中辩证统一,倡导民主并不是否定、排斥集中,该集中的必须集中。倡导民主也不是不讲效率,议而不决,决而不果,而是该决则决,该断必断,且迅捷决断。民主、公开的制度建设机制本身既是高校制度建设的组成部分,又是制度建设工作持续良性运行的基本保证。民主、公开的制度建设机制不仅能够最大限度地保证制定制度的程序和制度的内容合理合法,而且能够让制度观念和内容深入人心,从而有利于制度的实施和遵守。制度不是为了制定而制定,它是要有人去执行的。如果制定过程中讨论不充分,任由个别人、少数人说了算,那么这样的制度的执行就存在天然的障碍。当然,制度本身的科学化也要求群策群力、集思广益,以符合工作的实际需要。

第三,实用性原则。制度本身有一定的规律和规范,但不同的组织机构有其自身的特点,因此制定的内部管理制度除了要符合自身的特点外,必须强调制度与本校的

实际相结合。只有结合本校实际的制度才是可行的。高校内部管理制度是协调行动、规范行为、维护秩序、提高效率的工具。因此,更应注重内部管理制度的实用性。

实用性的另一方面内涵就是制度的可操作性。高校的特点决定了高校内部管理制度的可操作性。高校制定内部管理制度,应该是详略有度,简单有效。文本过繁,体系过细,内容过杂,都无益于高校的管理运行。要针对学校实际,把那些急需的制度首先制定并执行,随着学校发展对制度重要性认识的不断加深,再对原有的制度进行不断的完善与更新,并逐步建成较为完善的制度体系。

第四,稳定性原则。高校内部管理制度的稳定性,是指制度一经制定,就必须在一段时间内生效,除非制度本身与国家新的相关政策相抵触。制度稳定是秩序稳定的基础,没有稳定的制度,朝令夕改,学校运行的秩序就难以稳定,制度的严肃性也会遭遇挑战。当然,制度本身也会随着政策环境的变化和学校的发展而提出修订的要求,但一般来讲,应遵循延续性,不宜大起大落。

第五,统一性原则。制度的统一性要求同一制度的理念与内容要契合,处在一个制度中的各种条款的理念与内容也要契合。每所大学都有自己的办学理念,高校尤其重视自身的办学理念,制度建设必须在办学理念的指导下进行。内部管理制度是由一系列的相互关联、互相依据与支撑的单项制度组成的有机整体,各项制度既要彼此协调,又要有所侧重。只有建立了科学的管理制度,使各项管理制度相互衔接,密切配合,才能发挥制度的整体效应,保证管理制度的积极作用得到充分的发挥。

第六,先进性原则。一方面,高校是一个崭新的组织机构,高校的管理需要先进的管理制度。这个不难理解。许多先进的管理制度,是在高校试行实践中得到提高应用的。先进性的第二方面是与时俱进,确保制度建设的时效性。随着高等教育的发展,高校的内外环境发生了巨大的变化,这就造成原有的规章制度在形式上、内容上的滞后和不适应,学校的管理理念、办学定位、管理模式和管理方法等也势必要求发生变化。为此,高校在制度建设过程中一定要遵循实事求是、与时俱进的指导思想,不断引入先进的管理理念与方法,对内部管理制度进行必要的修订、调整、充实和完善。与时俱进的关键是内部管理制度建设要与学校的组织建设相结合,制度要随着学校组织结构的变化而不断完善。只有不断地去适应变化,才能够实现学校资源的优化配置,进而增强高校的核心竞争力。先进性的第三方面,是开拓创新,保证制度建设的先进性。创新才是学校发展的源泉。高校要适应不断变化的市场,就要进行持续不断的学习和创新活动,内部管理制度的完善和创新是学校快速、良性发展的重要保障。目前我国高等教育正处在一个新的发展起点上,高校必须以开拓创新的时代精神,抓好内部管理制度的建设和落实,全面提升学校的整体素质,推进高校健康和可持续发展。

三、高校内部管理制度建设的主要环节

搞好高校内部管理制度建设,不仅要抓好制度内容建设,还应抓好高校管理制度制定的过程和环节。

第一是高校内部管理制度的制定。高校内部管理制度的建设实质上是为教学和科研工作服务,为广大教职员工和学生服务的。同时,学校办好了,投资者的利益也能得到保证,办学的价值才能得到实现。因此,高校在内部管理制度制定要更新观念,依照制度制定的原则和程序,有步骤、有组织、有计划地进行。

高校管理制度的制定,一般都要经过规划立项、起草、审议、决定和公布等环节。规划立项需要深入调研、充分论证;起草工作具有基础性,要本着严谨、负责的态度,认真学习相关法律和政策精神,全面掌握实际情况;要调动全员参与的积极性,通过座谈会、论证会等多种形式听取意见,集思广益,力求避免制度内容的偏颇错漏;审议修订是保障管理制度质量的重要举措,要按照严格的审查标准对管理制度的原则性、目的性、功用性等方面进行审核修订,涉及重大疑难问题的,应当咨询有关专家论证后决策;公布实施必须经过校长办公会或教代会,必要时还要与董事会沟通,如分配制度等、中层机构设置等,取得广泛共识后,最后以规范的行文在全校范围内印发、公布和落实。

在高校管理制度制定过程中,领导层要发挥积极的引领作用。高校校长是全校最高领导首长,对全校的运行负有重大职责,因此对制度的制订一定要高度重视,要创造良好的管道和氛围,与师生员工进行平等、民主、深入的对话和沟通,创造内部和谐的人际关系。校长要清楚表达学校当前发展的理念和改革的意图,引导师生员工投入到制度建设当中来。广大师生员工也要积极地交流,发挥高校主体行为者的态度和意识,提供有关的信息、建议和改进工作的方法,主动达成制度实施的共识。

第二是高校内部管理制度的执行。有了好的制度,关键还要执行,否则,再好的制度也将付之东流。许多高校管理混乱,往往不是没有制度,而是有了制度,甚至有了好的制度但没有认真执行,贯彻落实力度不够。管理制度一旦公布,就要严格执行,切实做到有章必循、违章必究,在制度面前人人平等。对于制度执行过程中出现的问题,也要本着积极、稳妥的态度认真研究解决和完善。高校管理人员来源复杂,要提高内部

管理制度的执行力和实施效益,就要建立科学合理的管理制度培训机制和考核机制,提高管理队伍素质,增强管理能力和水平。管理制度制定出来后,学校要及时地通过网络、文件等形式予以公布,供师生熟悉和查阅,组织师生学习贯彻,提高师生员工遵章守规的观念。领导干部尤其要以身作则,率先执行,积极学习管理制度,严格执行管理制度,维护制度的权威性,起到表率作用,做到令行禁止。

一个组织制度的功效是否显著,一方面取决于组织内部构造是否合理健全,另一方面则取决于该组织所处的制度环境。为了提高高校的内部管理制度的实施效益,还要建立和执行管理工作责任制和责任追究制,积极营造实施制度的良好环境,有效地对管理制度的实施情况进行监督、检查、考核和奖罚。通过监督部门定期或不定期地对制度实施情况进行检查,及时纠正不规范、不作为的行为,落实好管理制度的效用。当然,管理制度也应根据实践的需要,适时做出修订和调整,增强其适应性。

四、大胆改革,创新高校内部管理制度

民办高校是高等教育改革的成果,没有改革就没有民办高校。创新民办高校的内部管理制度,是高等教育改革的重要内容,也是高等教育深化改革的必然需要。民办高校不仅仅在筹资办学、扩大高等教育资源和适应市场需求办学方面起到改革的作用,而且需要在管理体制上勇于创新,大胆改革,敢于试验,克服传统民办高校长期以来的管理积弊,努力提高学校管理的能力和水平,提升管理的效率和效益,为高等教育改革积累和提供经验。

创新民办高校的内部管理制度,首先在于学校举办者的改革意识。举办高校,不仅仅是培养几个人,而且也是教育改革的先行。因循守旧、按部就班、亦步亦趋,跟在公办高校的后面一味模仿,不可能办出优秀的民办高校。只有勇于改革、大胆实践,不断总结提升,才能独辟蹊径,走出自己的管理之路,办出特色,提高效益。

创新高校的内部管理制度,还在于有一支高素质、高水平的管理队伍。学校管理体制的改革,关键在于校长带领的执行团队。要实施高校内部管理制度的创新,需要有一个思想开放、勇于改革的引领者。因此,选好校长是高校内部管理制度创新的关键环节。以校长为首的领导层要成为管理制度创新的引领者,就必须积极了解社会对高等教育的需求,掌握最新的高等教育和管理的研究成果,并经常把这些信息向教职员工传递和交流,在反复交换思想形成共识的基础上做出科学的决策。与此同时,还要注意中层干部队伍的制度意识的培育和训练,这是提高制度执行力的关键。创新高

校的内部管理制度,其内部的管理者还要勇于革新传统习惯。创新高校内部管理制度在很大程度上依赖于管理体制的变革,传统的管理体制长期以来形成了稳定的思维定式和制度习惯,人们习惯并受制于传统,很难囿于制度来进行制度的创新,这些与高校的办学理念相悖。另外,高校的办学自主权,能够支撑高校内部管理制度的创新,对此也要充满信心。

创新高校的内部管理制度,必须与营造组织文化密切结合。学校文化是学校在长期的办学活动中所形成的学校共同的价值观、行为方式、行为规范,是学校管理的最高层次。学校的规章制度归根到底还是受到办学组织价值理念的驱动与制约。学校制度的形成与变化均源于学校对制定和修改制度的某种需求,这种需求正是学校价值理念的一种具体表现。这种相互影响的作用和反作用,是我们理解制度与文化之间关系的密钥。"只有抓好规章制度建设,才能促进良好组织文化的形成。制度安排是特定组织内在精神与理念的外在表现形式,同时,它反过来又培育和营造了组织内部所特有的文化氛围,进而内化为组织中个体的精神人格、价值诉求、信念和行动取向。"由于传统习惯、社会心理和现实问题的影响,高校教职员工对制度天然就有抵触性,需要有学校组织文化作为糅合剂,使之增进共识,增强归属感,提高执行制度的自觉性。在学校文化建设中,我们也要善于把高校特有的管理体制和运行机制尽可能全面而及时地体现到学校制度中去,进而创建有特色的学校文化。

创新高校的内部管理制度,师生员工也要主动地学习高等教育发展的理念与趋势,先进的管理思想和动态,主动地思考和表达对现有制度的建议,提高对制度变革的适应能力。同时要及时总结自身已有的经验,总结学习国内外先进管理理念和制度建设的成果,对比分析,选择取舍并能吸收利用。学校各级管理干部和人员要勤奋好学,善于在学习中实践,在实践中学习,工作、学习和研究相结合,积极开展管理研究,勇于参与内部管理制度的创新,不断提高管理水平和制度创新的能力。只有这样,才能提高高校内部管理制度创新的效益。

第六节　积极开展院校研究,深化管理体制的创新

院校研究是"是运用高等教育研究和现代管理研究的成果,通过系统地、科学地研究自己的学校,以提高和改进本校管理工作为目标的研究……院校研究起源于促进现

代大学管理的需要,并以服务于现代大学管理为宗旨"。

我国高等教育已进入一个新的发展时期。本着理论研究为实践服务,理论引导实践发展的原则,适应我国高等教育发展的新的趋势,高等教育研究也应该逐步转向,在研究的内容和方向上,从生存的合法性研究和规模扩张、提高规模效益的研究转向内涵提升管理效益的研究,从以外围研究为主转向以院校为重点的内部运行研究。在研究的范式上,也应该从单纯的理论与政策研究,转向以实证研究、案例研究、行动研究为主要的研究样式,以高校内部发展中的问题为抓手,积极开展院校研究,巩固高等教育理论与实践的发展成果,推进高校的科学管理,为高等教育的规范、健康和可持续发展做出自己的贡献。

一、民办高校开展院校研究的必要性

对于高校开展院校研究的必要性,我们主要从以下四个方面理解:

首先,高校开展院校研究,是生存和发展的需要。我国民办高校是20世纪80年代才重新恢复和发展起来的新型办学形式,没有现成的经验可以借鉴。办学历史不长、文化底蕴不足、办学水平不高。伴随着我国高等教育大众化进程的不断深入,跨越式的规模发展阶段和机遇已经结束,内涵建设已经成为整个高等教育发展的主流。在高等教育优质化趋势不断深化和接受高等教育选择性不断增强的环境条件下,民办高校处于高等教育市场竞争的不利地位。近几年来,由于各种原因而陷入困境的民办高校逐年增多,有的高校甚至出现了"零生源",给学校运行带来了严重的困难。对现有民办高校危机案例进行分析研究,不难发现主要有几个方面原因:一是规模扩张过快。规模快速扩张导致资金周转不灵,硬件投资过多,再加上融、投资渠道不畅,入不敷出,从而陷入危机,濒临关门甚至倒闭。二是办学质量不高。一些高校因办学质量不高、缺乏特色、学生就业率过低、自身形象不佳、社会声誉低迷、生源严重不足而遭社会淘汰。三是管理粗放低效。管理不规范,内部不和谐,对环境的剧变缺少应变能力,引发决策失误,是相当多的高校陷入困境甚至倒闭的重要原因。目前,我国高校的最大问题还是生存和发展问题。在高等教育快速发展的同时,我们看到每年都有不少的高校倒闭的报道。事实说明,不研究市场,不研究对策,不研究内部问题,只埋头办学,关门办学,学校将难以生存。而积极开展院校研究,进一步明确学校发展战略,采取积极的措施,主动迎接市场挑战,化解市场压力,破解发展中的问题,是引导高校走出困境、实施健康和可持续发展的重要途径。

第七章 民办高校管理体制改革和创新的思路

其次,开展院校研究是加强高校规范管理,实现管理科学化的需要。分析高等教育发展的趋势可以得出的结论是:今后高等教育的竞争主要依靠质量和特色赢得市场空间,依靠发挥体制机制优势,提高内部管理的效率和效益。而近几年来高校规模急剧膨胀,校均规模快速增长,这不仅改变了高校原有的组织结构,而且增加了管理工作的复杂性,加大了学校管理的难度。管理不善,"家族式"的管理结构,任人唯亲,关系不顺、职责不明、董事长权力过大、校长缺乏独立行使教育教学和行政管理职权等,消耗了高校的核心竞争力,降低了高校在办学过程中的抗风险能力。可见,制约高校发展的重要原因在于高校的内部管理和运作,而仅凭办学者个人经验和智慧是难以应对这些问题的,必须加强研究,改善管理,完善制度,努力做到按规律管理,按规范办学,凝聚人心,苦练内功,增强核心竞争力,实施内涵发展战略,才能在高教市场的竞争中立于不败之地。

美国院校研究协会认为院校研究就是"通过信息的收集、分析和总结,促进相关人士对高等教育的理解,以利于高等学校制定科学的发展规划,不断地提高学校的管理水平"。刘献君、赵炬明、陈敏等也认为,院校研究是运用高等教育研究和现代管理研究的成果,通过系统地、科学地研究自己的学校,以提高和改进本校管理工作为目标的研究。可见,院校研究是解决高校管理危机的最重要途径。同时,管理科学化是管理民主化的结果。高等教育办学自主化,要求切实提高管理决策的民主化水平,由于各高校的办学环境、成长环境等方面有其独特性,本身很难采取统一的办学思路和管理模式。加强院校研究已经成为高等学校实现管理决策民主化的重要路径。高校各级管理者要科学决策,在重大的政策出台之前,就要针对本校发展实际提出问题,积极组织队伍深入调查,勇于探索和把握事物的客观规律,尊重事实,努力按客观规律管理,进行科学论证。必须积极开展院校研究,收集学校内外信息,深入了解市场变化情况,组织管理效益评估,研究学校发展思路。而这正是院校研究的重要内容。这充分表明,高校要实现管理科学化和民主化,必须开展院校研究。这也正是高校的办学优势所在。

再次,开展院校研究是高校提升质量、办出特色的需要。总体来看,我国高校的社会认可度还不高。究其原因,主要是办学质量与人民群众的求学愿望相比还有一定的差距。专家研究认为,民办高校办学质量提升较慢的原因,除了投入不足以外,还有许多内在的因素。如人才培养目标定位、人才培养模式、人才培养的手段等,与公办高校相比差距较大。在公办高校占绝对优势的背景下,高校要赢得竞争,必须把重点放在发展自身的特色上。从某种程度上说,特色就是质量,特色就是水平。举例来说,个性化定位是高校实现科学发展的前提。这种办学定位上的"虚高",使得人才培养难以做到贴近现实,应用型人才培养不能落地开花。又如从我国民办高校办学的现状来看,目前仍处在盲目模仿公办高校的发展阶段的不在少数。不论是校园建设、专业设置,还是教学管理和人才培养模式,很多学校都是公办高校的翻版,缺乏自身的特色。但就办学条件来说,目前高校总体来说还处于弱势,跟在公办高校后面模仿,高校没有出路。

我国高校办学的优势在于灵活多样的办学体制,这种办学优势的发挥有利于突显高校的办学特色,使培养的人才更加适合社会的需要,从而从另一种意义上赢得社会欢迎。社会对人才的需要是多样的,人才培养也是需要多层次、多类型的。大众化高等教育的质量观,其中很重要的一条就是各种层次、各种类型都可以办出质量,关键是要做到"人无我有,人有我优,人优我特"。高校的特色包括办学特色、管理特色、教育特色、教学特色、学科特色、专业特色、课程特色以及行业特色、区域特色、人才培养特色等,这些东西不是高校与生带来的,而是在不断研究、不断探索、不断实践中总结提炼而形成的。而这正是院校研究的重要内容。因此,民办高校要办出特色,必须扎扎实实地开展院校研究。

二、民办高校开展院校研究的可行性

民办高校开展院校研究不仅必要,而且可行。从主客观条件分析,民办高校开展院校研究的条件日渐成熟。

所谓客观条件,主要是指高校具有相当的办学自主权。办学自主权和自主管理权是高等学校开展院校研究的必要条件。一方面,没有充分的自主办学权和自主管理学校权,就没有对院校研究的强烈需求;另一方面,没有充分的自主办学权和自主管理学校权,也就不能为开展院校研究提供必要的研究条件。有学者进一步指出,院校研究的重要性是与高校办学的自主性成正比的,高校办学的自主权越大,对院校研究的需要程度就越高;反之,高校办学的自主权越小,对院校研究的需要程度就越低。与公办高校相比,民办高校无疑具有更充分的办学自主权。这是因为受长期实行计划经济管理体制的影响,我国政府习惯于对高校实行大包大揽式的管理。中央或地方教育行政主管部门为高校制定了严密的管理条例和管理计划,所有学校按统一模式办学,基本上不存在学校需要独立地思考学校应该如何办的问题。公办高校成为政府教育政策

第七章 民办高校管理体制改革和创新的思路

的忠实执行者,基本上没有多少办学自主权。而我国的民办高校,经费完全独立、自负盈亏,不拿国家一分钱,相应地受政府制定的条条框框的束缚和限制也比较少,民办高校也因此获得了比公办高校更为充分的自主管理学校的权利,它们可以立足校情、结合市场和社会需求,相对独立地自主办学。作为一种比较独立的教育类型,与公办高校相比,民办高校是市场经济的产物,是高等教育系统中与社会和市场联系最紧密的部分,并因而具有更多的办学自主权,面向社会依法自主办学的局面正在形成。拥有办学自主权不仅使民办高校开展院校研究的迫切性凸显出来,也为民办高校院校开展研究提供了客观的条件。

所谓主观条件,主要体现在两个方面。

第一,院校研究已经得到民办高校领导者的重视。在高等教育大众化的进程中,我国民办高校面临的竞争和压力越来越大,生源数量不足、教学质量不高、毕业生就业困难等已成为无法回避的难题,严重制约着民办高校的可持续发展。面对这样的生存现状,民办高校管理者普遍具有更为强烈的忧患意识。主要包括:一是强烈的生存意识。和公办高校不同,我国民办高校不能等、靠、要,将政府作为坚强的依靠后盾;而是恰恰相反,无论在什么情况下,高校都必须依靠自身力量,才能赢得生存的空间和发展的机遇。如果缺少这种生存意识,稍有懈怠,轻则在竞争中失利,重则被淘汰出局。二是敏锐的危机意识。市场是一把双刃剑,它一方面为高校提供发展的机遇,另一方面也时刻威胁着高校的存亡。面对常变常新的市场,民办高校管理者必须保有敏锐的危机意识和高度的警惕性,并在必要时做出及时、正确的应变。唯有如此,民办高校才能在竞争中占据主动。三是积极的竞争意识。对民办高校来说,竞争贯穿于学校各项工作的始终。为了生存和发展,不管愿不愿意,民办高校都不得不面对一系列的竞争:先是生源竞争,再是质量竞争,最后是毕业生就业竞争。总之,积极的竞争意识是民办高校管理者的必备素质。民办高校管理者的这种忧患意识,一方面,使民办高校的管理者对院校研究更为重视;另一方面,也促使他们更愿意对院校研究工作投入更多的时间、精力和经费,从而使院校研究在高校的开展更有保证。特别是在一些办学质量较高,社会信誉较好的高校,能够把发展的动力和优势落实在自身的努力之中,在民办高校的管理实践中,学校领导能够较好地认识到高等教育的规律,对开展院校研究的重要性认识到位。

第二,民办高校大多建立了专门的研究机构,落实了研究任务,开展了常规性的研究活动,初步形成一支专业化的研究队伍。在我国办得较好的民办高校,如西安外事学院等,已经建立以高等教育研究为主要任务的民办教育研究所,有明确的人员编制,他们大多立足学校实际,边实践边应用,为解决自身发展过程中的实际问题研究探索,献计献策,并发表了具有一定影响的院校研究成果。一些高校的院校研究成效卓著,带动了学校的品牌建设,从正面验证高校开展院校研究的重要性和可能性。例如,以高等教育研究为主要特色的浙江树人大学,建立了中国高等教育研究院,几年来在课题研究、论文发表、成果应用和推广以及获奖方面,成果丰硕。研究院先后三次获得全国优秀高等教育研究机构称号,为浙江省内唯一荣膺此殊荣的高等教育研究机构,依托研究院设立的高等教育学科,为省内著名的省级百强重点学科,由研究院协办的《浙江树人大学学报》"高等教育"专栏为教育部"名栏工程"专栏。在服务学校方面,其大量的课题成果被引用,为学校提供指导,取得荣誉。如提出的"教学服务型大学"的概念和"高级应用型人才"的培养类型,已经成为学校的办学定位和人才培养目标定位,赢得社会的关注和好评,在促进学校科学决策,提升办学水平,促进学校的可持续发展方面,发挥了重要作用。事实上,民办高校为院校研究机构的成长和发展提供了条件、内容和支持,而院校研究的开展和这些研究机构的卓越贡献也为民办学校的健康和快速发展提供理论支撑、行动指导,为学校品牌塑造和社会信誉增光添彩。

三、民办高校开展院校研究的主要思路

杨德广教授认为:"高校尤其需要对自身进行科学研究。其原因有两个,一是产生的历史背景的特殊性、承担的历史使命的独特性、发展阶段的关键性;二是建校时间短、办学经验不足、经费短缺、社会声誉较低及特色不明显等实际困难,使高校在发展道路上面临着大量问题和矛盾。因而,相比其他高校,高校更加迫切需要借助院校研究,认真剖析、破解自身的问题,大力提高决策的科学性。"针对当前实际情况,笔者认为,高校开展院校研究应重点抓好以下环节:

第一,领导认识到位。要不要开展院校研究,能不能开展院校研究,首先取决于高校领导。高校领导的认识正确,院校研究就开展得顺利。从几所院校研究开展的比较好的高校来看,领导不仅重视院校研究,而且身体力行,以身作则,带头参加相关研究,并且卓有成效。著名高等教育研究专家刘献君教授认为:院校研究主要是对单个学校的研究。而任何一所学校都是具体的、独特的、不可替代的,它所具有的复杂性是其他学校的经验不能说明的,是理论所不能充分验证、诠释的。每个院校都有自己的特殊性,都是不可替代的,需要有针对性地加以研究。而且,对单个学校研究透了,也才有

第七章 民办高校管理体制改革和创新的思路

可能在此基础上,准确地归纳出一般规律。因此,每个学校都有开展院校研究的必要性。科研是我国高校的弱项,许多高校领导都在呼喊有关方面放宽政策,给高校开展科研提供便利,实际上,院校研究就是高校开展科研的最好入口。

第二,研究力量到位。院校研究也是一项工作繁杂的研究工作,需要一定的研究力量的投入,否则,研究任务就难以落实。高校人员比较少,但是也不能做无米之炊。院校研究是实践与理论紧密结合的研究,但是也不能等同于日常的工作小结。应该有专职研究人员,运用专门的理论,针对专门的问题展开研究。推进院校研究,应建立一个专门的研究资料、研究活动、研究经费、研究成果相统一的院校研究机构,并明确其任务,确立其定位,发挥其作用。当然,从高校的实际出发,开展院校研究,应坚持兼职为主,专职为辅组建研究队伍。兼职为主,这既考虑到高校人员较少的实际情况,同时也是院校研究与办学实践密切结合的需要。大量实践一线人员参与院校研究,熟悉院校研究的问题,便于研究工作的开展,同时也能促使研究的成果更加贴近办学实际,更便于推广应用。而专职研究人员则在研究中起到理论研究指导和规划的作用,保证研究工作正常进行,提升研究成果的水平和效益,在办好学校的过程中发挥更为重要的作用。

第三,研究方法到位。院校研究是行动研究,是应用研究。行动研究强调研究过程与行动过程的结合,是以实践取向为主,以解决问题为目的的研究,从而是实践者在行动中为解决自身问题而参与进行的研究。而从应用研究角度来看,院校研究通过对高等学校管理方面存在的突出问题进行分析、诊断,以解决学校管理工作的实际问题为基本目的。作为应用研究,院校研究强调理论指导,注重方法的科学性和学校管理问题研究的系统性。即便是解决具体的工作问题,也力求运用科学的方法,以与常规工作小结相区别。什么钥匙开什么锁,特殊类型的研究需要独特的研究方法。根据院校研究的特点。在院校研究中,特别要注意方法的运用,坚持理论联系实际的原则,坚持院校研究为办学实践服务的原则,掌握研究工作正确的路径,达到事半功倍的研究效果。

第四,环境条件到位。院校研究以"研究本校"为本职,以服务于本校决策与管理为己任。因此学校工作的方方面面都可以成为院校研究的对象,学校发展战略、学校发展定位、学校教学和科研工作、学校管理和校园文化建设,都是院校研究的重要内容。院校研究也会涉及学校工作的方方面面,任何单兵独进的研究都难以取得理想的效果。因此,院校研究工作需要得到学校各方面人员和资源的支持和配合,仅仅依靠个别机构、个别研究人员,是难以搞好院校研究的。因此有必要在学校中营造一种院校研究的氛围。只有在和谐、稳定和相互理解和支持的研究环境中,研究人员才能专心致志地从事研究工作,并及时、有效地将研究成果应用于学校工作的实践。所以,高校要开展院校研究,就必须为院校研究工作创设良好的环境。从领导开始,积极支持,亲自参与,全员动员,营造氛围,提供条件,解决难题,形成院校研究的合力,才能取得良好的效果。

参考文献

[1]原春琳.校园与现代企业制度的冲突:校办企业不改不行了[N].中国青年报,2001-08-28(10).

[2]课题组.我国民办高校本科教育人才培养模式的研究[M].北京:高等教育出版社,2006.

[3]柯佑祥.适度盈利与民办高等教育的发展[M].南京:南京师范大学出版社,2003.

[4][美]罗伯特·伯恩鲍姆.大学运行模式[M].别敦荣主译,青岛:中国海洋大学出版社,2003.

[5][美]理查德·鲁克.高等教育公司——营利性大学的崛起[M].于培文,译.北京:北京大学出版社,2006.

[6]李福华.大学治理的基础与组织架构[M].北京:教育科学出版社,2008.

[7]刘莉莉.中国民办高等教育发展的研究[M].长春:吉林人民出版社,2002.

[8]李文成.国外私立高等教育发展研究[M].郑州:郑州大学出版社,2007.

[9]刘献君.院校研究[M].北京:高等教育出版社,2008.

[10]李晓明.中国民办高等教育30年(1978—2008年)[M].北京:人民武警出版社,2008.

[11]龙献忠.治理理论视野下的政府与大学关系研究[M].长沙:湖南大学出版社,2007.

[12]刘雅静等.高等教育理论与实践[M].济南:山东大学出版社,2005.

[13]林樟杰.高等学校管理新认知[M].上海:上海教育出版社,2007.

[14]莱文.教育改革:从启动到成果[M].项贤明,洪成文,译.北京:教育科学出版社,2004:189.

[15]本报评论部.改革必须协调推进[N].人民日报,2013-01-09(5).

[16]本刊记者.大学功能与大学精神:访教育部党组成员、国家教育行政学院院长顾海良教授[J].思想教育研究,2012(11):3-6.

[17]毕宪顺.制约与协调:高校内部管理变革的使命[J].高等教育研究,2011(10):65-71.

[18]陈乐一,周金城.美国高校绩效工资制度的发展及对我国的启示[J].外国教育研究,2010(8):91-96.

[19]陈先哲.我国社会第二次转型与高等教育秩序重建[J].高等教育研究,2012(1):5-9.

[20]陈志军,王晓静,任荣.企业集团研发协同机制研究:以"海信集团"为例[J].山东社会科学,2011(12):114-117.

[21]范丽萍.区域经济协调发展中的地方政府协同治理模式研究[D].成都:电子科技大学,2011.

[22]顾海良.完善内部治理结构建设现代大学制度[J].中国高等教育,2010(15、16):18-20.

[23]刘超.大学生的逃课问题及对策建议[J].时代教育,2017(2):223.

[24]徐特.高校管理体制和教学管理改革分析[J].经济论坛,2018(6):100.

[25]周永凤.浅谈当前高校管理体制存在的问题[J].重庆师范大学学报,2017(32):38.

[26]邓鼎成.浅析民办高校管理体制与运行机制相关问题[J].才智,2017(6):48.

[27]赵明达.我国高校管理体制泛行政化弊端及对策[J].亚太教育,2016(7):44.

[28]朱孔军.广东高校管理育人工作严谨[M].广州:广东高等教育出版社,2020.

[29]罗忆南,李勇男.高校管理创新与实践[M].北京:新华出版社,2014.

[30]杜学亮.高校科研管理的理论与实践[M].北京:中国政法大学出版社,2019.

[31]朱爱青.素质教育背景下高校教学管理制度改革的研究[M].北京:中国纺织出版社,2019.

[32]王文婷.高校学生事务管理理论与实践探究[M].北京:中国纺织出版社,2018.

[33]谢合明,赖力等.高校管理理论与应用研究[M].北京:中国经济出版社,2019.

[34]邵积容.高校管理百思[M].贵阳:贵州大学出版社,2016.

[35]邓青林.高校管理队伍专业化与教学质量优化研究[M].北京:世界图书出版公司,2017.

[36]何淑通.高校管理人员专业发展研究[M].南京:南京大学出版社,2017.